DON BOSCO
VERLAG

Andrea Erkert

Kinder brauchen Stille

Entspannungsspiele für
Frühling, Sommer, Herbst und Winter

DON BOSCO

Die Deutsche Bibliothek – CIP Einheitsaufnahme

Erkert, Andrea:
Kinder brauchen Stille : Entspannungsspiele
für Frühling, Sommer, Herbst und Winter / Andrea Erkert.
– 2. Aufl. – München : Don Bosco, 2000
   ISBN 3-7698-1103-8

2. Auflage 2000 / ISBN 3-7698-1103-8
© 1998 Don Bosco Verlag, München
Umschlag und Illustration: Margret Russer
Fotos: Andrea Erkert
Satz und Repro: LOW, München
Druck und Weiterverarbeitung: Don Bosco Grafischer Betrieb, Ensdorf

Gedruckt auf umweltfreundlichem Papier.

Inhalt

Liebe Leserin, lieber Leser!

In den letzten Jahren hat sich die Situation in Kindertageseinrichtungen und Schulen verändert. Viele Erzieher/-innen und Lehrkräfte klagen über immer größere Gruppen und Schulklassen. Eine zunehmende Zahl von Kindern zeigt Verhaltensauffälligkeiten oder sogar Störungen. Verhaltensauffälligkeiten äußern sich sehr häufig im sozialen Bereich. Sie werden als Aggressionen, Nervosität, Kontaktschwäche oder Konzentrationsmangel wahrgenommen.

Ungünstige Entwicklungen im Sozialverhalten bahnen sich oft schon während der Kindergartenzeit an, werden aber vorwiegend erst im Laufe der Schulzeit als Lern- oder Leistungsstörung von Eltern ernst genommen. Das Problem kann sich schon frühzeitig auch körperlich zum Beispiel als Einnässen, als Essstörung, als Sprach- oder Schlafstörung oder als Störung im Bronchialbereich bis hin zu Asthma äußern.

Um so mehr wünschen sich Erzieherinnen Hilfen, wie sie solchen Verhaltensauffälligkeiten vorbeugen und damit auch gesundheitliche Prävention betreiben können. Jahresbegleitende Entspannungsübungen können eine solche Hilfe sein, denn sie können Kinder unterstützen, die richtige Balance zwischen Aktivität einerseits und Ruhe/Entspannung andererseits zu finden. Diese Balance trägt ganz entscheidend zu einer ausgeglichenen Persönlichkeit bei, die bei ungewohnten Situationen oder Stress nicht gleich ‚aus der Haut fährt' oder ‚ausser sich ist', sondern bei sich selbst bleiben kann und Anforderungen mit Ruhe und Gelassenheit, im Vertrauen auf eigene Stärken löst. Um zu solcher Ausgeglichenheit zu finden, benötigen Kinder einen „pädagogischen Schonraum", in dem Stille und Ruhe genossen werden können. Das Kind muss Möglichkeiten haben, in sich hineinzulauschen, sich selbst besser kennenzulernen, sich ganz auf eine Sache einzulassen und Erlebtes innerlich zu verarbeiten. Erwachsene, die Kinder begleiten, sollten immer wieder solche Ruheerlebnisse vermitteln.

Gleichzeitig schaffen sie so auch einen Ausgleich zu dem allgemein verbreiteten Leistungsdruck schon unter den jüngsten Kindern. Dieser Leistungsdruck beschränkt sich nicht nur auf gute Schulnoten, er erstreckt sich auf den Freizeitbereich: Malschule, Musikschule, Sportverein.

Erzieherinnen suchen häufig nach Entspannungsübungen, die das Ziel haben Ruhe in eine aufgewühlte Kindergruppe zu bringen. So wichtig es ist, durch Ruheerlebnisse bessere Konzentration und Ausdauer zu schaffen, sollte doch meiner Meinung nach das Ziel jeder Entspannung ein darüber hinausweisendes sein: Kinder sollen sich selbst und ihre eigenen Fähigkeiten entdecken. Manche Kinder können das ohne Hilfe, anderen Kindern fällt das schwer. Gerade sie brauchen Begleitung auf dem Weg zu sich selbst.

Es ist mir ein Anliegen, Erwachsenen Anregungen an die Hand zu geben, damit sie mehr Sicherheit beim Einsatz von Entspannungsübungen mit Kindern gewinnen und für ein ganzes Jahr immer wieder auf leicht einsetzbare Ideen zurückgreifen können. Die in diesem Band zusammengetragenen kreativen Entspannungsübungen im Jahreskreis entstammen alle aus der praktischen Arbeit mit Kindern. Durch meine Erfahrungen als Kindergartenleiterin konnte ich die Übungen mit den Kindern erproben.

In dem kurzen theoretischen Einleitungsteil gehe ich kurz auf die Bedeutung des bewussten Erlebens der Jahreszeiten für Kinder ein. Außerdem nenne ich Rahmenbedingungen von Stille- und Entspannungsübungen und stelle verschiedene Methoden der Entspannung vor.
Der zweite, umfangreiche Teil des Buches enthält 100 Entspannungsübungen zu jahreszeitlichen Themen. Zusätzlich stelle ich zu jeder Jahreszeit eine ganze Entspannungseinheit vor, die Bewegungs- und Ruhephasen beinhaltet. Diese Modelle können genauso übernommen werden und gleichzeitig als Beispiel dafür dienen, wie solche Entspannungseinheiten aussehen können.
Bei allem pädagogischen Nutzen sollte eines nicht vergessen werden:
Die Entspannungsübungen im Jahreskreis sollen Kindern und Erwachsenen Spaß machen.

Andrea Erkert

I. Theoretische Grundlagen

Die vier Jahreszeiten

Die vier Jahreszeiten Frühling, Sommer, Herbst und Winter repräsentieren die vier Lebensalter des Jahres. Die Jahreszeitennamen weisen uns auf wesentliche Veränderungen im Naturgeschehen und auf den Kreislauf von Werden und Vergehen hin.

Frühling

Im Frühling erleben wir das Erwachen der Natur. Draußen wird es allmählich wieder wärmer und die Tage werden länger. Zugvögel kehren aus dem Süden zurück. Am Wegesrand und auf der Wiese können wir die bunte Blütenpracht der Frühjahrsblumen entdecken. Noch ‚eingepackt' in wärmende Kleidungsstücke können die Kinder wieder länger im Freien spielen. Auch Erwachsene werden aktiver und unternehmungslustiger. Der Frühjahrsputz steht auf dem Plan vieler Familien und am Wochenende unternehmen alle gemeinsam gern einen Frühjahrsspaziergang oder eine Radtour. Im Wald und auf Wiesen kann man Tiere entdecken, die aus ihrem Winterschlaf erwacht sind und Ameisen beobachten. Besonders Menschen, die zu Depressionen neigen, fühlen sich im Frühling wieder lebensfroher und sie gewinnen eine positivere Lebenseinstellung zurück. Die dunkle, erdrückende Jahreszeit ist überwunden und damit fällt es auch vielen Menschen leichter, sich wieder lichteren, leichteren Gedanken zuzuwenden. Im Frühling feiern wir auch das Osterfest. Küken, Osterhasen, Lämmer, Hühner, Enten, Blumen und Ostereier sind typische Symbole, die für die Oster- und Frühlingszeit stehen. Der Ostertisch wird nach alter Tradition liebevoll gedeckt und die Erwachsenen verstecken Osternester, die die Kindern mit Freude und Spannung suchen.

Sommer

Im Sommer genießen wir die Sonne und den leichten Wind. Freizeitaktivitäten und Sport finden überwiegend im Freien statt. Die sommerlichen Temperaturen laden zum Picknick in Naherholungsgebieten und zum Badespaß am See oder ins Freibad ein. Die Kinder können auf der Sommerwiese toben und stundenlang im Sand buddeln. Auf Spaziergängen kann man Pflanzen und Tiere aus der näheren Umgebung entdecken und beobachten.

Die langen, warmen Sommerabende lassen Menschen im Freien zusammen-kommen. Dabei kann die besondere Atmosphäre der Straßencafes, Eisdielen und Gartenwirtschaften bis spät in die Nacht locken. Ebenso trägt auch das Beisammensein mit Familie und Freunden im eigenen Garten oder auf dem Balkon dazu bei, den menschlichen Energievorrat, der im Winter aufgezehrt wurde, wieder ‚aufzutanken'.

Beim Sommerurlaub am Meer können wir Ebbe und Flut erleben und werden empfindsamer für den Wechsel der Gezeiten.

Herbst

Der Herbst bringt uns, von vielen gar nicht mehr wahrgenommen, die Ernte und die letzten schönen Sonnentage, die zunehmend abgelöst werden von Regen-perioden oder sogar Herbststürmen.

Der Wind bläst die bunten Blätter von den Bäumen und lädt die Kinder ein, ihre Drachen steigen zu lassen. In dieser Jahreszeit feiern wir Erntedank und das St.-Martinsfest.

Viele Tiere bereiten sich nun auf den Winterschlaf vor und sammeln deshalb Vorräte. Gerade im Herbst können wir interessante Wetterbeobachtungen machen. Regen-, Nebel- und Sturmtage hinterlassen besonders bei Kindern Eindruck. Das Pfützenspringen mit Gummistiefeln und Regenkleidung macht den Kindern Riesenspaß. Dabei erforschen sie mit Hingabe Regenwürmer und andere Kleinst-lebewesen. Gleichzeitig veranlassen die zunehmend schlechten Wetterverhältnisse viele Kinder, wieder mehr in der warmen Stube zu spielen und fast vergessene Spiele wieder hervorzuholen.

Winter

Im Winter sind die Tage kurz, bereits um fünf Uhr ist es dunkel. Gut geheizte Zimmer laden jetzt zum gemütlichen Beisammensein ein. Die Natur um uns herum ruht. Viele Tiere halten Winterschlaf und die Äste der Bäume ragen karg in den Himmel.

Die Kinder warten sehnsüchtig auf den ersten Schnee, oft genug fällt nur ein matschiger Schneeregen, bei dem sich niemand nach draußen wagen mag. Fällt endlich Schnee, machen die Kinder gerne Schneeballschlachten, bauen Schneemänner und fahren Schlitten. Zugefrorene Seen laden zum Schlittschuhlaufen ein. Zuhause kann man die Zeit nutzen, um Kindern Geschichten vorzulesen oder gemeinsam mit ihnen Bilderbücher anzuschauen. Eine Tasse heiße Schokolade und Kerzen tragen zur kuscheligen Atmosphäre bei.

Die Kinder freuen sich auf den Nikolaus und auf das Christkind.

Die Advents- und Weihnachtszeit ist in vielen Familien ausgefüllt mit Plätzchen backen und Geschenke vorbereiten und verpacken. In vielen Geschäften lockt der Duft des Weihnachtsgebäcks und der Lebkuchen unseren Gaumen. Duftkerzen kündigen ebenfalls vom bevorstehenden Weihnachtsfest.

Mit dem Jahreswechsel werden gute Vorsätze für das neue Jahr geschmiedet.

Durch aufmerksames Betrachten und Erforschen der Natur können wir den Jahreskreislauf bewusster miterleben. Innere Ausgeglichenheit kann man nur erreichen, wenn man sich nicht vom Strom der Zeit einfach ‚fortreißen' lässt. Der Mensch ist selbst Glied und Teil der Natur und des Jahresrhythmus. Der beobachtbare Wechsel der Jahreszeiten wirkt sich bei vielen Menschen auch auf ihre innere Befindlichkeit aus.

Mit jeder Jahreszeit sind immer wiederkehrende Ereignisse und Festzeiten verbunden, auch der Mensch ‚rhythmisiert' also seinen Jahreslauf entsprechend der Natur. Frühling, Sommer, Herbst und Winter können Wegweiser für ‚innere' Zeiten sein.

Mit Kindern durch das Jahr

Für jüngere Kinder ist es noch schwierig, die Bedeutung der Jahreszeiten für ihr eigenes Leben zu erfassen. Allerdings werden auch von ihnen die Gesetze der Natur schon unbewusst erlebt. Die Kinder machen erste elementare Erfahrungen zu den vier Jahreszeiten und den damit verbundenen Veränderungen in der Natur mit allen Sinnen. Sie beobachten und entdecken neugierig, was draußen geschieht und gliedern sich noch selbstverständlicher als Erwachsene in den Jahreslauf ein.

Was draußen in der Natur geschieht, kann in Kindertageseinrichtungen, zu Hause in der Familie oder in der Schule durch Entspannungsübungen zum Jahreskreis vertieft werden. Durch die Entspannungsübungen können Kinder jahreszeitliche Veränderungen in der Natur aufmerksamer wahrnehmen. Sie erleben die vier Jahreszeiten in der Gruppe oder Klasse und erfahren spielerisch etwas über die Gesetzmäßigkeiten der Natur. Darüber hinaus vermitteln die vier Jahreszeiten Lebensbedeutsames: alles hat seine Zeit und jeder kann sich darauf verlassen, dass auf ‚dunkle Tage' des Winters immer wieder der Sonnenschein und die Fröhlichkeit des Sommers folgt.

Viele Kinder haben heute immer seltener Gelegenheit, die vier Jahreszeiten intensiv zu erleben. Unmittelbare Erfahrungen in der Natur werden verhindert durch Straßenverkehr, dichte Wohnsiedlungen ohne Wälder und Wiesen in nächster Umgebung, durch den Fernseher und das Tamagotchi im Kinderzimmer. Damit Kinder die Bedeutung von Frühling, Sommer, Herbst und Winter erfassen, müssen sie ganzheitliche Erfahrungen dazu machen können. Erst wenn Kinder sich selbst als Teil der Natur und als Teil des jahreszeitlichen Wandels begreifen, können sie ein Verhalten erwerben, dass die Natur erhält, schont, pflegt und schützt.

Ganzheitliche Erfahrungen werden aber nicht nur im Kopf, sondern mit dem ganzen Körper gemacht. Erst durch direkte Erfahrungen, durch Hinhören, Anfühlen, Hinschauen, Schmecken und Riechen können Kinder den Kreislauf von Werden und Vergehen begreifen.

Entspannungsübungen im Jahreskreis ermöglichen darüber hinaus ein entspanntes, ganzheitliches Lernen. Da viele Kinder die nötige Ruhe und Gelassenheit heute nicht mehr selbstverständlich in den Kindergarten oder die Schule mitbringen, sind Erzieherinnen aufgefordert, immer wieder für Stille, für Ruhe- und Entspannungsphasen zu sorgen. Das sollte nicht nur punktuell geschehen, um ‚Schadensbegrenzung' zu betreiben, sondern selbstverständlicher Teil des Kindergarten- oder Schulalltags werden. Der Rhythmus der Jahreszeiten eignet sich zur Gliederung eines Kindergarten- oder Schuljahres ganz besonders gut. So können Kinder jahresbegleitend ohne Druck sich selbst und ihre Umgebung bewusster wahrnehmen und Kräfte sammeln für bevorstehende Aufgaben. Durch Stilleübungen zum Jahreslauf wird ihre Aufmerksamkeit von den Reizen der ‚künstlichen' Außenwelt abgezogen und nach innen gelenkt. Dadurch können sich viele Kinder besser konzentrieren und sich ganz einer Sache widmen.

Entspannung mit Musik

Musik kann das Entspannen unterstützen. Es eignen sich ruhige, nicht zu komplizierte, langsame Instrumentalstücke. (Ausnahmen bilden spezielle Musikkassetten mit Entspannungstexten für Kinder.) Während des Lesens oder Erzählens einer Phantasiereise kann im Hintergrund leise Instrumentalmusik erklingen. Macht man bewusst Erzählpausen werden diese von der Instrumentalmusik gefüllt. Das Musikstück tritt wieder in den Vordergrund. Musik ist besonders zum Entspannen in der Liegehaltung geeignet. Vor dem Anhören des Musikstücks erhalten die Kinder lediglich den Hinweis, dass sie die Augen schließen und sich etwas Schönes vorstellen sollen. Für eine solche Musik-Meditation sollten die ausgewählten Musikstücke nicht zu lang sein. Geeignet sind beispielsweise die *Träumerei* von Schuhmann, *Für Elise* von Beethoven oder das spanische Gitarrenstück *Romanze*. Diese kurzen Stücke eignen sich auch schon für jüngere oder ungeübte Kinder, die eine geringere Aufmerksamkeits- und Konzentrationsbereitschaft besitzen.
Musikstücke zum Einschlafen und Entspannen, die speziell für Kinder entwickelt wurden, sind im Handel auf Kassetten oder CDs erhältlich. Empfehlenswert sind beispielsweise das *Kinderträumeland* von Detlev Jöcker, *Komm mit zur Quelle* von Wolfgang Poeplau und Ludger Edelkötter, *Sleeptime* von Edwin Evans oder *Heart Symphony* von Karunesh. Solche leichten, heiteren Instrumentalstücke sind auch hervorragende ‚Betthupferl' für Kleinkinder. Sanfte

Musik zum Wohlfühlen und zur gezielten Entspannung von Körper, Geist und Seele ermöglichen das Abschalten von Stress, fördern Ausgeglichenheit und Ruhe bei Kindern (und Erwachsenen).

Gute Entspannungsmusik zeichnet sich dadurch aus, dass das Tempo der Musik mit ca. 60 Schlägen in der Minute dem Pulsschlag in Entspannung angepasst ist. Ein Beispiel dafür ist auch die Meditationsmusik der CD *Reiki* von Kamel. Dieses längere Stück bietet sich vor allem für Kinder an, die bereits in der Entspannung geübt sind. Bei Vorschulkindern sollte man darauf achten, dass die Musikentspannung nicht länger als fünf bis sechs Minuten beträgt. Die Auswahl des Musikstücks hängt nicht zuletzt auch sehr stark vom persönlichen Geschmack ab. Wer die Klassik nicht liebt, sollte Meditationsmusik einsetzen, in der Synthesizer oder Naturgeräusche zu hören sind. Die ausgewählte Musik sollte Freude bereiten und eine ruhige, angenehme Atmosphäre erzeugen.

Jahresbegleitende Entspannungsübungen

Stille erleben und innere Ruhe finden, nicht Stillhalten lernen, ist das Ziel von Entspannungsübungen. Führt man sie über einige Wochen konstant in einer Kindergruppe durch, stellt man fest, dass die Kinder intensiver und ausdauender miteinander spielen. Die Kinder können sich besser konzentrieren und entspannter lernen. Das Sozialverhalten wird verbessert und das Selbstvertrauen einzelner Kinder gestärkt. Darüber hinaus wird bei Kindern der Blick für Wesentliches geschärft.

Mit themenorientierten Entspannungsübungen zu den Jahreszeiten können elementare Erfahrungen zur Natur und der nächsten Umgebung gesammelt werden. Entspannungsübungen, die sich auf das besinnen, was die Natur uns schenkt, helfen Kindern, achtsam und liebevoll mit der Natur umzugehen. Gesammelte Naturgaben können an einem ernannten Meditationsplatz aufbewahrt werden und Kinder anregen. Ein besonders schöner Brauch sind Jahreszeiten-Tische, wie sie in Waldorfkindergärten und mittlerweile auch in vielen anderen Kindergärten zu finden sind. Dazu wird ein Tisch an einem ausgewählten Platz im Raum aufgestellt. Ein weichfließender Stoff, beispielsweise Samt oder Seide wird auf den Tisch gelegt. Bei der Auswahl des Stoffes muss auch auf die jahreszeitengemäße Farbe geachtet werden. Die gesammelten Naturmaterialien der jeweiligen Jahreszeit können auf dem Tisch ausgestellt werden. Vasen mit Blumen oder Zweigen bereichern einen solchen Tisch zusätzlich. Baumwurzeln und Steine können das ganze Jahr zur Dekoration genutzt werden. Durch die Pflege, das Dekorieren und stetige Ergänzen des Jahreszeiten-Tisches durch interessante Funde der Kinder, werden schon die Kleinsten sensibilisiert und lernen die veränderte Natur im Jahreszeitenwechsel bewusster und dennoch spielerisch kennen.

In jeder Entspannungsübung, ganz gleich ob es sich um eine Stilleübung oder Phantasiereise handelt, werden mehrere Erlebnisbereiche der Kinder angesprochen und ‚geschult'. Körperliche Entspannung und Schärfung einzelner oder mehrerer Sinnesorgane gehören stets zusammen. Bei sehr vielen Entspannungsübungen wird zusätzlich die Grob- und Feinmotorik weiterentwickelt und Phantasie und Kreativität gefördert. Bei allen Übungen kommt es zu einer Muskelentspannung und zu einem gedanklichen Abschalten. Das Kind kann auf diesem Wege mentale Stressverarbeitung lernen. Dadurch kann man leichte Schlafstörungen, leichtere Sprach- und Essstörungen oder Hautkrankheiten, die aufgrund von Nervosität entstehen, oft positiv beeinflussen. Körperliche und geistige Entspannungsübungen, die situations- und altersgerecht angeboten werden, können zu einer deutlichen Minderung von Verhaltensauffälligkeiten bei Kindern führen oder dazu beitragen, dass solches Verhalten gar nicht erst entsteht. Die Kinder sind also weniger aggressiv und ängstlich. Stille- und Entspannungsübungen können zur Gesundheitsvorsorge beitragen und eine echte Lebenshilfe sein. Dennoch sind sie kein Allheilmittel! Wenn Kinder seelisch und/oder körperlich krank sind, ist unbedingt der Rat und die Unterstützung von Fachleuten, wie Psychologinnen, Kinderärzten usw. einzuholen und das intensive Gespräch mit den Eltern zu suchen.

Sitz- und Liegehaltung

Im Liegen können die Kinder am leichtesten lernen, sich ganz zu entspannen und alle Muskeln so richtig fallenzulassen. Geübt wird in der Rückenlage. Dabei liegen die Arme leicht angewinkelt neben dem Körper, die Beine sind etwas gespreizt. Zur Seite fallende Fußspitzen sind ein gutes Zeichen für Entspannung. Kinder lernen die Haltung am besten, wenn sie spielerisch vermittelt wird. Dazu eignen sich folgende Stilleübungen besonders gut:

Das Blätterkind

Material: Blätter oder Papier ✱ **Mitspieler:** 2–3 Personen ✱ **Alter:** ab 4 Jahre

Ein Kind liegt auf einer Decke. Ein anderes kniet neben ihm und bedeckt es mit dem gewählten Material. Dabei darf sich das liegende Kind nicht bewegen. Seine Aufmerksamkeit wird auf die Atmung und den eigenen Körper gelenkt. Anschließend darf ein drittes Kind aus der Gruppe das Blätterkind wieder abdecken.

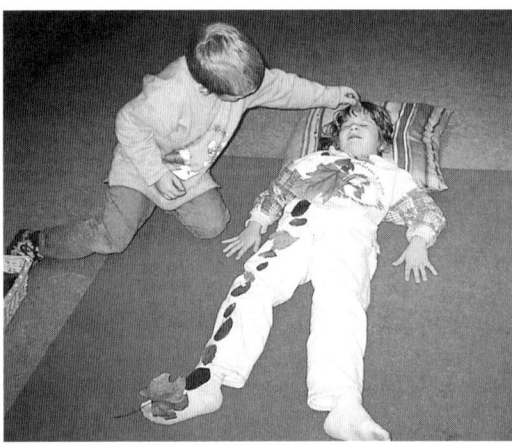

Igelball auf Entdeckungsreise

Material: Igelball (Gummiball mit Noppen) oder Tennisball ✱ **Mitspieler:** 2 Personen
Alter: ab 4 Jahre

Das Kind, das in der Entspannungshaltung auf dem Rücken liegt, wird von einem neben ihm auf den Knien hockenden Kind mit einem Igel- oder Massageball massiert. Der Ball wird über den ganzen Körper geführt. Das liegende Kind soll in Gedanken seinen Weg verfolgen. Damit eine fließende Bewegung entsteht, sollte der Igelball immer in Kontakt mit dem Körper bleiben.

Körperumrisse zeichnen

Material: Wachsmalstifte und Papierrolle ✱ **Mitspieler:** 2 Personen ✱ **Alter:** ab 5 Jahre

Ein Kind legt sich auf eine große Papierrolle und nimmt dabei die entspannte Liegehaltung ein. Ein weiteres Kind bekommt einen Wachsmalstift und zeichnet damit die Körperumrisse des Partnerkindes ab. Das liegende Kind sollte die Augen schließen und in Gedanken den Weg des Wachsmalstifts verfolgen. Dabei wird nach Möglichkeit nicht gesprochen. Anschließend darf das liegende Kind seine Augen wieder öffnen, langsam über die Seitenlage (spiralförmig) aufstehen und sein Abbild betrachten.

Mit diesen drei Stilleübungen zur Körperwahrnehmung können Kinder eine angenehme Entspannung aller Körperteile erleben. Seltener gibt es Kinder, die die Rückenlage ablehnen und lieber auf der Seite oder auf dem Bauch liegen möchten. Dies ist auf jeden Fall zu akzeptieren. Man sollte auch nicht darauf bestehen, dass alle Kinder bei den Stilleübungen die Augen schließen und die Schuhe ausziehen. Wer das nicht mag, darf sich auch anders entscheiden.

Im Sitzen gibt es zwei Möglichkeiten der Entspannungshaltung. Bei jüngeren Kindern bietet sich die Königshaltung an. Dabei halten die Kinder ihren Oberkörper und ihren Kopf aufrecht, ihre Arme liegen auf den Oberschenkeln und berühren sich nicht. Die Füße stehen fest auf dem Boden. Um dem Kind das Üben der Königshaltung zu erleichtern, kann man ihm eine Gedankenbrücke bauen: „Stell dir vor, du bist eine Königin / ein König, die / der aufrecht und stolz auf ihrem /seinem Thron sitzt um Besuch zu empfangen".

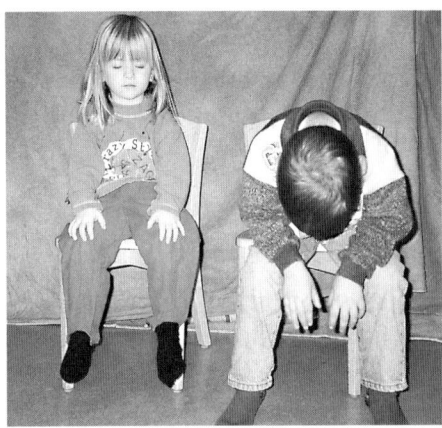

Das Mädchen sitzt in der Königshaltung, der Junge in der gelösten Sitzhaltung.

Bei der gelösten Sitzhaltung, in der Tradition des autogenen Trainings Droschkenkutscherhaltung genannt, sitzt das Kind auf der vorderen Hälfte des Stuhls. Die Beine sind etwas angewinkelt und die Oberschenkel leicht geöffnet. Die Unterarme und Hände berühren sich nicht und ruhen auf den Oberschenkel. Der Oberkörper ist leicht nach vorne gebeugt und der Kopf hängt locker nach vorn. Beide Sitzhaltungen eignen sich für Stilleübungen in der Familie oder im Stuhlkreis mit der ganzen Gruppe.
Die Kinder sollten für die Entspannung - ob im Liegen oder im Sitzen - eine Decke und wenn möglich ein Kissen mitbringen. Das Entspannungsgefühl kann mit einem Kissen unter dem Kopf bzw. unterm Po wesentlich begünstigt werden.

Hinweise zur Durchführung von Stilleübungen

Bei der Durchführung von Stille- und Entspannungsübungen kommt den äußeren Rahmenbedingungen eine wichtige Bedeutung zu. Obwohl es in den Kindertageseinrichtungen und in den Schulen nie völlig ruhig ist, sollten Lärm und Außengeräusche weitgehend ausgeblendet werden. Deshalb sollten die Entspannungsübungen möglichst in einer störungsfreien Umgebung durchgeführt werden. Es ist jedoch nicht Bedingung, dass es völlig leise sein muss. Kinder, die Entspannungsübungen bereits seit längerer Zeit praktizieren, lassen sich nicht so schnell aus der Ruhe bringen. Auch bei konzentrierten Arbeitsphasen im Kindergarten oder in der Schule kann es zu Störungen von Außen kommen, deshalb ist es besser, keinen klinisch reinen Schonraum herzurichten, der nichts mehr mit realen Lebensbedingungen gemein hat. Die Erzieherin sollte Störfaktoren in die Entspannung integrieren, beispielsweise so: „Alle Kinder sind ganz ruhig und hören, dass ein Auto vorbeifährt. Aber das vorbeifahrende Auto ist ganz weit weg und stört uns nicht. Wir sind ganz ruhig und entspannt." Störfaktoren und die damit verbundene Unruhe lassen sich auch weitgehend durch eine begrenzte Anzahl an Teilnehmern vermeiden. Erfahrungen machen deutlich, dass eine Gruppengröße von 8 bis 12 Kindern, die alters- und situationsgerecht zusammengefasst wurde, die besten Möglichkeiten für echte Ruheerlebnisse bietet. In den Gruppen der Kindertageseinrichtungen und in den Schulklassen sind meist mehr Kinder untergebracht. Ist eine Teilung der Gruppe oder Schulklasse nicht möglich, sollte ausprobiert werden, was mit den Kindern tatsächlich durchführbar ist. Machen Eltern mit ihren Kindern zu Hause Entspannungsübungen, sollte ein ruhiges Zimmer gewählt werden, in dem kein Telefonklingeln, Türenklappern oder Straßengeräusch zu erwarten ist. Das Einnehmen einer entspannten Haltung gelingt in einem bequemen Sessel oder Stuhl besonders gut.

Grundsätzlich gilt: der Raum, in dem die Entspannungsübungen stattfinden, sollte weder zu hell - aber auch nicht zu dunkel sein. Er sollte eine gemütliche Atmosphäre ausstrahlen und wohlig temperiert sein.

Für die Kleidung gelten keine besonderen Bedingungen. Die Kinder sollten einfach bequeme Kleidung tragen und nach Möglichkeit die Schuhe ausziehen.

Nach Beendigung jeder Entspannungsübung kann die Entspannung zu Gunsten der Spannung wieder zurückgenommen werden. Dazu machen die Kinder eine Faust und ziehen die Arme zu den Schultern hoch. Sie recken und strecken sich und werden so wieder frisch und munter. Werden Entspannungsübungen vor dem zu Bett gehen praktiziert, darf die Entspannung natürlich nicht zurückgenommen werden.

In diesem Buch wird der Einfachheit halber der Begriff Erzieherin benutzt, der alle männlichen Kollegen, alle Grund- und Sonderschullehrer/-innen und Eltern ebenso ansprechen will. Diese Gruppen haben gemeinsam, dass sie dem Kind wesentliche Grundsteine für seine weitere Entwicklung mitgeben können und alle erziehend tätig sind.

Frühling

Im Frühling erleben wir das Erwachen der Natur.
Die ersten wärmenden Sonnenstrahlen verwöhnen unsere Seele,
unseren Geist und Körper. Beim Spazierengehen oder Spielen
im Freien können wir Zugvögel erblicken, die aus dem Süden zurückkehren.
Die Tage werden länger und wenn wir den Duft der ersten Blumen
riechen können, ist auch das Osterfest nicht mehr weit.
Es werden Ostereier gefärbt, Osterkuchen gebacken und Nester versteckt.
Die Welt um uns herum ist farbenfroher und lebendiger.
Wir selbst fühlen uns wieder freier, denn die Zeit, in der man
vor Kälte und Dunkelheit am liebsten nur zu Hause bleiben mochte,
ist vorbei.

Dieses aktive Lebensgefühl kann bei den folgenden Übungen
mit allen Sinnen bewusst erlebt und intensiviert werden.
Das Kind lernt seine Sinne und seinen Körper bewusst wahrzunehmen
und wird sensibler für die Veränderungen in der Natur.

Spiele zum Stillwerden und Wahrnehmen

Feder auf der Haut spüren

Material: eine Feder ✳ **Mitspieler:** mindestens 2 Personen ✳ **Alter:** ab 3 Jahre

Ein Kind liegt in der Entspannungshaltung auf dem Rücken. Die Augen sind nach Möglichkeit geschlossen. Das andere Kind kniet sich hin und berührt mit einer Feder den Körper des liegenden Kindes. Die Feder wandert ganz langsam den Körper entlang. Das liegende Kind soll in Gedanken den Weg der Feder verfolgen. Anschließend werden die Rollen gewechselt. Danach kann ein Erfahrungsaustausch in der Gruppe erfolgen.

Die Düfte des Frühlings wahrnehmen

Material: kleine Tongefäße und Leinenreste, Haushaltsgummis, verschiedene Naturmaterialien, z.B. Fichtenzweige, Wacholderzweige, Blüten von Stiefmütterchen etc. ✳ **Mitspieler:** 1 Person oder mehr ✳ **Alter:** ab 6 Jahre

Nachdem jedes Kind die gesammelten Naturmaterialen kennt und benennen kann, wird die Königshaltung eingenommen und die Augen geschlossen. In jedes Tongefäß gibt die Erzieherin eines der gesammelten Naturmaterialien und verschließt die Gefäße, indem sie das Leinenstück als Deckel auflegt und mit dem Gummi befestigt. Nacheinander sollen die Kinden an einigen Tongefäßen riechen und sich den erschnüffelten Inhalt gut merken. Erst wenn die Kinder an allen 4 bis 6 Tongefäßen gerochen haben, öffnen sie ihre Augen und versuchen die Düfte in der richtigen Reihenfolge aufzuzählen.

Vögelein piep einmal

Material: – ✳ **Mitspieler:** mindestens 5 Personen ✳ **Alter:** ab 3 Jahre

Die Kinder sitzen in der Königshaltung im Stuhlkreis. Ein Kind legt den Kopf in den Schoß der Erzieherin und schließt seine Augen. Die Erzieherin blinzelt einem Kind zu, das ganz leise aufsteht und neben dem Ratekind mit verstellter Stimme sagt: „Piep, piep, wer bin ich?" Anschließend setzt es sich wieder leise auf seinen Platz. Das Ratekind darf sich jetzt umdrehen und versucht den Namen des ‚Vögeleins' zu erraten. Wurde richtig geraten, werden die Rollen getauscht.

Tiertelefon

Material: – ✳ **Mitspieler:** mindestens 4 Personen ✳ **Alter:** ab 3 Jahre

Die Kinder sitzen hintereinander oder im Stuhlkreis. Ein Kind denkt sich ein Tier und den dazu passenden Tierlaut. Ganz leise wird der Tierlaut ins Ohr des Nachbarn geflüstert. Dieser gibt den Tierlaut an den nächsten weiter. Das wird solange durchgeführt bis der Tierlaut das letzte Kind erreicht hat. Das letzte Kind soll den anderen mitteilen, zu welchem Tier der Laut passen könnte. Die Antwort muss vom ersten Kind bestätigt oder korrigiert werden.

Der bunte Paradiesvogel

Material: buntes Papier, eine Schere ✳ **Mitspieler:** mindestens 4 Personen ✳ **Alter:** ab 3 Jahre

Die Kinder bilden im Stehen einen Kreis. Einem Kind im Kreis werden mehrere ca. 10 cm lange Papierstreifen an seine Kleidungstücke geheftet. Ein weiteres Kind befindet sich in der Kreismitte; es wird mit geschlossenen Augen langsam um die eigene Achse gedreht. Anschließend wird es zu den anderen im Kreis geführt. Das Kind soll mit geschlossenen Augen den bunten Paradiesvogel ertasten.

Verzauberter Vogel

Material: ein ‚Zauberstab‘ ✱ Mitspieler: mindestens 6 Personen ✱ Alter: ab 4 Jahre

Die Erzieherin stellt sich vor der Kinderschar auf und verwandelt alle durch einen Zauberspruch in schlafende Vögel. Anschließend entzaubert die Erzieherin ein Kind und bittet es, sich den momentanen Standort der anderen zu merken. Das Kind wird vor die Türe geschickt und die Erzieherin berührt ein anderes mit dem Zauberstab. Durch die Berührung wird es zum Zaubervogel und verändert seinen Standort. Das Kind vor der Türe wird wieder hereingebeten und soll herausfinden, welcher Vogel seinen Platz wechselte.

Ostereier herausfinden

Material: ein Osterei, ein Ball, eine Kugel etc. ✱ Mitspieler: 1 Person oder mehr
Alter: ab 4 Jahre

Das Kind sitzt in der Königshaltung und hat die Augen geschlossen. Nun werden ihm nacheinander verschiedene runde und ovale Gegenstände zum Fühlen in die Hände gegeben. Darunter befindet sich ein Osterei, welches ertastet werden soll. Glaubt das Kind, das Osterei zu erkennen, sagt es „Frohe Ostern".

Ostereier ausblasen und wegpusten

Material: ein Osterei für jedes Kind ✱ Mitspieler: mindestens 2 Personen
Alter: ab 4 Jahre

Jedes Kind bläst ein Osterei aus. Anschließend setzen sich die Kinder nebeneinander auf den Boden. Nacheinander darf nun jedes versuchen, sein Osterei so weit wie möglich wegzupusten. Vor dem Atemstoß wird zunächst tief ausgeatmet und eingeatmet. Bei dieser Übung sollte nicht gesprochen werden. Sieger ist das Kind, welches sein Osterei am weitesten wegpusten konnte.

Raubvogel

Material: verschiedene Gegenstände wie Murmeln, Knöpfe, Steine, Stoffreste etc.
Mitspieler: mindestens 6 Personen ✶ **Alter:** ab 4 Jahre

Ein Kind sitzt in der Königshaltung in der Stuhlkreismitte und hat neben sich verschiedene Gegenstände liegen. Dabei hält es die Augen geschlossenen.
Alle anderen Kinder werden zu Raubvögeln und sollen abwechselnd versuchen, einen Gegenstand zu entwenden. Hört das Kind einen Raubvogel, soll es mit geschlossenen Augen in die Richtung des sich anschleichenden Kindes deuten. Kann ein Raubvogel einen Gegenstand erbeuten, werden die Rollen getauscht.

Der Fuchs

Material: ein Ball ✶ **Mitspieler:** mindestens 2 Personen ✶ **Alter:** ab 4 Jahre

Ein Kind spielt den Fuchs, der zusammengerollt, mit geschlossenen Augen in der Stuhlkreismitte liegt. Die Erzieherin gibt einem Kind leise den Ball, der die Beute darstellt. Die Beute soll mit einem Stoß am Fuchs vorbeigerollt werden. Erst wenn die Beute bei einem anderen Kind angekommen ist, soll der Fuchs darauf deuten. Dabei bleiben seine Augen geschlossen. Wurde der richtige Standort erkannt, werden die Rollen getauscht.

Hoppelhase spring

Material: – ✶ **Mitspieler:** mindestens 2 Personen ✶ **Alter:** ab 5 Jahre

Ein Kind sitzt in der Königshaltung oder der gelösten Sitzhaltung auf einem Stuhl und hat die Augen geschlossen. Ein anderes Kind ist der Hoppelhase, der an dem sitzenden Kind vorbei hoppelt. Das Kind mit den geschlossenen Augen soll die Sprünge wahrnehmen und zählen. Wurde richtig gezählt, werden die Rollen gewechselt.

Hasensprünge hören

Material: – ✱ **Mitspieler:** mindestens 2 Personen ✱ **Alter:** ab 6 Jahre

Die Kinder stehen im Kreis und haben die Augen geschlossen. Ein Kind steht in der Kreismitte und macht verschiedene Geräusche, wie klatschen, mit den Fingern schnipsen, mit den Füßen stampfen etc. Irgendwann macht das Kind auf seinem Platz einen Hüpfer und alle anderen müssen den Sprung ‚blind' nachmachen. Wer von den Kindern hat den Hasensprung gehört und rechtzeitig nachgemacht?

Tiere erkennen

Material: Memorykärtchen mit Tierbildern, eine Handtrommel
Mitspieler: mindestens 8 Personen ✱ **Alter:** ab 5 Jahre

Jedes Kind bekommt ein Memorykärtchen mit einem Tierbild. Jeweils zwei Kärtchen sind gleich. Die Kinder bewegen sich mit ihren Bildern nach dem Rhythmus der Handtrommel im Raum. Immer wenn sich zwei Kinder begegnen, können ihre Kärtchen ausgetauscht werden. Wird das Trommeln ausgesetzt, müssen sich alle ihre Kärtchen anschauen und überlegen welche Bewegung zu diesem Tier passen könnte. Die jeweilige Bewegung wird dargestellt und das Partnerkind mit einer ähnlichen Tierbewegung gesucht. Dabei darf nicht gesprochen werden.

Der Vogelmutter folgen

Material: – ✱ **Mitspieler:** mindestens 2 Personen ✱ **Alter:** ab 5 Jahre

Zwei Kinder stehen mit ca. 30 cm Abstand voreinander. Ein Kind spielt die Vogelmutter, die dem Vogelbaby verschiedene Bewegungen, wie z. B. in die Hocke gehen oder sich ganz groß machen, zeigt. Das Vogelbaby soll wie ein Spiegel die Bewegungen nachahmen. Dabei dürfen die Kinder ihren Standort nicht verlassen. Bei dieser Übung sollte nicht gesprochen werden.

Die Sonne finden

Material: jeweils ein Bildkärtchen mit Sonne, Regen und Wolken
Mitspieler: mindestens 2 Personen ✷ **Alter:** ab 5 Jahre

Den Kindern werden drei verschiedene Bildkärtchen, eines mit einer Sonne, eines mit Regen und eines mit Wolken gezeigt. Anschließend werden die Kärtchen verdeckt nebeneinander gelegt. Die Erzieherin vertauscht unaufhörlich die Plätze der Kärtchen vor den Augen der Kinder. Nach ca. 30 Sekunden mit den Augen, wird der Vorgang beendet. Die Erzieherin blinzelt ein Kind an, welches auf das Sonnenkärtchen deuten soll. Wurde die Sonne gefunden, startet eine neue Spielrunde.

Schuhe, Schuhe – nichts als Schuhe!

Material: ein selbstgebasteltes Fernglas, bestehend aus zwei Papprollen, einer leeren Zündholzschachtel und einer Schnur ✷ **Mitspieler:** mindestens 4 Personen ✷ **Alter:** ab 3 Jahre

Basteln: Für diese Stilleübung wird ein Fernglas aus Papprollen benötigt. Zwischen zwei Toilettenpapierrollen wird eine leere Zündholzschachtel geklebt. Damit das ‚Fernglas‘ auch umgehängt werden kann, befestigt man an den Rollen eine Schnur.
Spielen: Die Kinder ziehen jeweils einen Schuh aus und legen ihn in die Stuhlkreismitte. Ein Kind schaut sich stehend mit dem Fernglas einen Schuh an und beschreibt ihn. Hierbei soll nach dem uralten Kinderspiel „Ich seh was, was du nicht siehst" vorgegangen werden. Glaubt ein anderes Kind, den beschriebenen Schuh als den eigenen zu erkennen, hebt es die Hand.

Möhrenklau

> **Material:** eine Möhre ✱ **Mitspieler:** mindestens 3 Personen ✱ **Alter:** ab 5 Jahre

Ein Kind spielt den Hasen, der zusammengerollt auf dem Boden schläft. Neben dem Hasen liegt eine Möhre. Die anderen Kinder sitzen im Stuhlkreis und sind ebenfalls Hasen, die gerne die Möhre vernaschen würden. Die Erzieherin blinzelt ein Kind an, welches geräuschlos die Möhre holen soll. Sobald der schlafende Hase Schritte hören kann, deutet er in die entsprechende Richtung. Wurde die Richtung erkannt, muss sich der vermeintliche Dieb wieder setzen. Gelingt es, die Möhre zu stehlen, werden die Rollen gewechselt.

Frühlingstonkette

> **Material:** – ✱ **Mitspieler:** mindestens 8 Personen ✱ **Alter:** ab 6 Jahre

Alle Kinder bewegen sich frei im Raum. Ein Kind summt leise einen Ton. Berührt es ein anderes Kind, wird der Ton an dieses Kind weitergegeben. Wer den Ton ‚erhalten' hat, bleibt summend stehen. Dies wird solange fortgesetzt bis alle Kinder den Ton summen dürfen. Zum Schluss bleibt das ‚Anfangskind' stehen und streckt die Arme zur Seite. Ganz langsam werden die Arme über den Kopf geführt und die Gruppe summt immer leiser. Der Ton verstummt, wenn sich die Handflächen des Kindes berühren.

Text-Meditation

Material: Gedicht „Er ist´s" von Eduard Mörike, evtl. Decken und Kopfkissen
Mitspieler: 1 Person oder mehr ✳ **Alter:** ab 7 Jahre

Die Kinder können eine der Entspannungshaltungen nach Belieben einnehmen.
Sie schließen ihre Augen. Die Erzieherin liest das Gedicht „Er ist´s" (1832) von
Eduard Mörike langsam und mit ruhiger Stimme vor.

Er ist' s
Frühling lässt sein blaues Band
wieder flattern durch die Lüfte.
Süße, wohlbekannte Düfte
streifen ahnungsvoll das Land.
Veilchen träumen schon,
wollen balde kommen.
– Horch, von fern ein leiser Harfenton!
Frühling, ja du bist´s!
Dich hab ich vernommen.

Die Kinder sollen das Gedicht eine kleine Weile auf sich wirken lassen. Dadurch
entstehen innere Bilder und jedes Kind kann seinen Frühling in der Phantasie
erleben. Nachdem die Kinder ihre Augen wieder geöffnet haben, recken und
strecken sie sich. Wer möchte, kann ‚seinen' Frühling malen.

Die Blume

> **Material:** verschiedene Wiesenblumen, z.B. Hahnenfuß, Gänseblümchen, Schlüsselblumen etc. ✻ **Mitspieler:** 1 Person oder mehr ✻ **Alter:** ab 6 Jahre

Bei einem Frühlingsspaziergang kann man gemeinsam mit den Kindern verschiedene Wiesenblumen pflücken.
Nachdem die Kinder die gesammelten Wiesenblumen mit Namen kennengelernt haben, nehmen alle die Königshaltung ein. Dabei sind die Augen geschlossen. Nacheinander wird nun jeweils eine Blume erschnuppert und ertastet. Nachdem eine bestimmte Anzahl gerochen und angefühlt wurde, öffnen die Kinder ihre Augen und teilen mit, um welche Blumen es sich gehandelt haben könnte.

Tröpfelmassage

> **Material:** eine Decke und ein Kopfkissen für jeweils 2 Kinder
> **Mitspieler:** mindestens 2 Personen ✻ **Alter:** ab 7 Jahre

Je zwei Kinder finden sich zusammen und nehmen sich eine Decke und ein Kopfkissen. Ein Partnerkind legt sich in entspannter Haltung auf die Decke, das andere Kind setzt sich daneben. Das sitzende Kind stellt sich vor, dass seine Finger Regentropfen sind, die den Körper des liegenden Kindes massieren. Das Kind auf der Decke hat die Augen geschlossen und versucht in Gedanken den Weg der Regentropfen zu verfolgen. Dabei können die Tropfen unterschiedlich stark wahrgenommen werden. Es kann langsam tröpfeln oder heftig regnen. Irgendwann kommt langsam die Frühjahrssonne heraus, dazu legt das massierende Kind seine Handflächen auf den Körper des Partners. Nach ca. 10 Sekunden wird das Kind behutsam ‚geweckt' und die Rollen getauscht. Anschließend findet ein Erfahrungsaustausch in der Gruppe statt.

Frühling beschreiben

Material: – ✳ **Mitspieler:** 1 Person oder mehr ✳ **Alter:** ab 6 Jahre

Das Kind sitzt in der Königshaltung oder gelösten Sitzhaltung. Die Augen sind geschlossen. Die Erzieherin nennt langsam verschiedene Wörter oder Sätze, wie „Die Blumen blühen", „Die Sonne strahlt", „Das Gras ist weich" etc. Diese Sätze oder Wörter sollen auf jeden Fall den Frühling thematisieren.
Das Kind lauscht den Wörtern und versucht langsam in Gedanken ein Frühlingsbild herzustellen. Nach ca. ein bis zwei Minuten werden die Augen geöffnet und das Kind darf von seinem Frühlingsbild berichten und es später zu Papier bringen.

Die Katze schleicht sich an

Material: keines ✳ **Mitspieler:** mindestens 5 Personen ✳ **Alter:** ab 7 Jahre

Bis auf ein Kind stehen alle mit dem Rücken zur Kreismitte und stellen sich vor, sie seien Vögel. Ein Kind spielt die schleichende Katze und steht dazu in der Mitte des Vogelkreises. Von dort aus versucht die Katze sich von hinten an einen Vogel heranzuschleichen. Bemerkt der Vogel die Katze, hebt dieser die Hand. Gelingt es der Katze unbemerkt einen Vogel zu erreichen, dann muss dieser die „schleichende Katze" ablösen.

Vogelgezwitscher hören

Material: unterschiedlichste Alltagsgeräusche und Vogelstimmen
auf CD oder MC, Kassettenrekorder oder CD-Spieler
Mitspieler: mindestens 2 Personen ✱ **Alter:** ab 7 Jahre

Die Kinder sitzen im Stuhlkreis, ihre Augen sind geschlossen. Die Erzieherin legt
eine Kassette/CD ein, auf der unterschiedliche Geräusche, wie das Sprudeln eines
Wasserhahns, Motorengeräusche, Schritte u. Ä. zu hören sind. Zwischendurch
ertönt auch Vogelgezwitscher. Die Kinder sollen gut zuhören und herausfinden,
wie oft das Vogelgezwitscher eingespielt wird.
Die erforderlichen Geräusche können selbst im Haushalt aufgenommen werden.
Vogelstimmen gibt es auf CD oder MC zu kaufen. Man kann aber eben so gut
eine Flöte nehmen und sie zur Vogelstimme erklären.

Blumendüfte erschnuppern

Material: Papiertaschentücher oder Servietten, Faden, Schere, ätherische Öle
mit Veilchen-, Geranien-, Rosenduft etc., Malpapier und Wachsmalstifte
Mitspieler: 1 Person oder mehr ✱ **Alter:** ab 7 Jahre

Die Tücher werden als ‚Blumen‘ in der Mitte zusammengebunden und die
Papierlagen hochgezupft. Jede Blume wird mit 2-3 Tropfen Duftöl beträufelt. Das
Kind sitzt mit geschlossenen Augen in der Königshaltung. Es darf an jeder Blume
riechen und sollte sich die Düfte gut merken. Nach 3 bis 4 verschiedenen
Schnupperproben kann das Kind versuchen, die gerochenen Blumen aus seiner
Vorstellung zu malen.

Entspannungseinheit
„Wenn ein Vogelbaby größer wird"

Material: Gymnastikreifen für jedes Kind ✱ **Mitspieler:** mindestens 8 Personen
Alter: ab 5 Jahre

Hinführung

Erfahrungen mit den Gymnastikreifen sammeln, z.B.:
▶ den Reifen vor sich herführen, vorwärts und rückwärts rollen,
▶ den rollenden Reifen umkreisen,
▶ den Reifen waagrecht vor dem Körper halten und mit den Füßen einsteigen,
▶ auf dem Reifen balancieren,
▶ in den Reifen hineinhüpfen und wieder heraushüpfen,
▶ Hulahopp,
▶ den Reifen mit der Hand drehen,
▶ den Reifen über den Kopf halten und auf Zehenspitzen durch den Raum gehen,
▶ den Reifen als Spiegel, Korb, Krone, Lenkrad, Handtasche etc. verwenden.

Ziel: Aktivität, Phantasie, Kreativität, Motorik und Ich-Stärkung der Kinder werden gefördert. Die Kinder lernen im freien Spiel das Material Reifen mit allen Sinnen kennen. Die Erzieherin kann selbst mit dem Reifen experimentieren und so zur Nachahmung anregen. Es empfiehlt sich auch, die Ideen einzelner Kinder aufzugreifen und der Gruppe zugänglich zu machen.

Der kreiselnde Reifen – Stilleübung

Die Kinder sitzen in ihren Reifen im Kreis. Sie halten die Augen geschlossen. Ein Kind steht in der Kreismitte und stellt einen Reifen auf, dreht ihn und lässt ihn los. Die anderen Kinder sollen erst dann die Hand heben, wenn sie glauben, dass der Reifen lautlos auf dem Boden liegt. Anschließend wird der Reifen noch einmal gedreht. Jetzt sollen die Kinder mit geöffneten Augen beobachten, was sie zuvor nur hörten.

Ziel: Gehörsinn und Konzentrationsfähigkeit werden geschult. Besonders sensible Kinder spüren, wie das Fallgeräusch des drehenden Reifens lauter und schneller wird.

Bewegungsspiele

Wir fliegen, wir fliegen ...

Alle Kinder spielen Vögel. Die Reifen sind die Vogelnester, die hintereinander zu einem Weg gelegt werden. Die Kinder sollten zwischen ihnen hindurchlaufen können. Die Kinder sollen sich verschiedene Arten ausdenken, um über die Nester zu ‚fliegen' z.B.:

▶ neben den Nestern vor- und zurücklaufen,
▶ im Zick-Zack um alle Nester herumlaufen,
▶ von einem Nest in das andere springen,
▶ über die Nester springen,
▶ um jedes Nest herumbalancieren etc.

Ziel: Die Phantasie der Kinder wird angeregt. Der Raum wird durch Hindernisse strukturiert, so dass eine Differenzierung des Bewegungsablaufs erreicht wird. Grob- und Feinmotorik werden gefördert.

Vorsicht, nicht berühren!

Die Kinder gehen zu zweit zusammen. Eines hält den Reifen waagerecht, das andere steigt von oben in den Reifen hinein. Das Kind im Reifen bewegt sich nun, indem es vorwärts, seitwärts oder rückwärts geht, sich duckt, streckt usw. Das Kind, welches den Reifen hält, soll den Bewegungen des Partners folgen. Dabei muss es die Bewegungen des anderen so gut mitvollziehen und vorausahnen, dass es das Bewegungskind nicht mit dem Reifen berührt.

Ziel: Reaktion und körperliche Geschicklichkeit werden geübt. Die Wahrnehmungsfähigkeit wird vertieft und die Sinne sensibilisiert.

Rette sich, wer kann!

Die Reifen werden zu einem großen Nest gelegt. Ein Kind spielt die Katze, die lauernd auf einem ‚Baum' (Tisch, Stuhl o. Ä.) hockt und Beute fangen will. Ein anderes Kind ist die Vogelmutter, welches alle anderen Küken-Kinder anführt. Die Vogelfamilie fliegt gemeinsam aus, pickt Körner auf, schlägt mit den Flügeln usw. Erst wenn ein zuvor vereinbartes akustisches Signal ertönt, müssen alle Vögel schnell wieder in ihr Nest zurück. Die Katze setzt jetzt nämlich zum Sprung an und versucht, einen Vogel zu fangen. Sind alle Vögel rechtzeitig im Nest, versucht die Katze ihr Glück erneut. Wird ein Vogel gefangen, werden die Rollen getauscht.

Ziel: Unlust und Aggressionen können abgebaut werden. Die Kinder lernen instinkthafte Empfindungen, wie Nestwärme, Angriff, Angst und Flucht aber auch schutzbietende Räume kennen.

Ruhephase

Die Erzieherin erzählt folgende kleine Mitmachgeschichte:
„Nachdem die Katze wieder verschwunden ist, fliegen die Vogelkinder mit der Vogelmutter langsam nach Hause. Dabei fliegen sie über Wälder und Wiesen, über Häuser und Wege. Von ganz oben können sie eine kleine Lichtung entdecken und nicht weit davon entfernt das weiche Nest, von welchem sie ausgeflogen sind. Vorbei an den Bäumen und Sträuchern, fliegt die Vogelfamilie auf das weiche geschützte Nest zu. Endlich angekommen, sucht sich jeder Vogel im Nest einen gemütlichen Platz aus. Alle Vögel sind von der langen Reise ganz müde und legen sich hin."

Ziel: Die Kinder kommen langsam wieder zur Ruhe, so wird eine Überleitung geschaffen zur Entspannungsgeschichte „Du kannst fliegen wie ein Vogel".

Du kannst fliegen wie ein Vogel (Entspannungsgeschichte)

Es ist ein schöner Tag. Der Himmel ist fast wolkenlos blau und die Sonne scheint angenehm warm auf dich herab. Während du so in den Himmel schaust, kannst du zwischen den Wolken etwas entdecken. Um besser sehen zu können, kneifst du die Augen zusammen. Da erkennst du einen kleinen, bunten Vogel. Du weißt, das ist eine Kohlmeise. Ganz ruhig fliegt die Kohlmeise zum ersten Mal alleine in die Welt hinaus. Du möchtest gerne mitfliegen und in Gedanken gehst du mit ihr auf die Reise. Du breitest deine Arme aus, stellst dich gegen den Wind und schlägst mit deinen Armen auf und ab. Langsam gleitet der Boden unter deinen Füßen hinweg und die Arme tragen dich in den Himmel hinein. Du bist ganz ruhig. Es ist schön hier oben. Du fühlst den Wind um deinen Körper streichen. Dein Atmen geht ein und aus, ein und aus, du atmest ganz gleichmäßig und ganz von allein.

Du schaust auf das Land hinunter. Eine Blumenwiese liegt unter dir. Ganz klein sehen die Blumen aus, und klein ist auch die Bank unter dem Apfelbaum. Am Apfelbaum kannst du einen Vogelkasten erkennen. Du siehst einen Bach, der sich durch die Wiesen schlängelt. Auf dem Wasser kannst du ein Rindenstück erkennen. Das Wasser streicht um das Rindenstück. Mit der Strömung schaukelt das Rindenstück auf und nieder. Eine kleine Katze beobachtet aufmerksam die vorbeischwimmende Rinde. Du schaust dir alles genau an. Ruhig ziehst du deine Kreise am Himmel. Dein Atem geht ein und aus, ein und aus, du atmest ganz geichmäßig und ganz von allein.

Hoch über dem Land fliegst du auf die Berge zu. Ruhe strahlen sie aus, und Geborgenheit. Kleinere Vögel sausen umher. Du lässt dich nicht stören. Du merkst dir die Landschaft genau, vielleicht willst du später ein Bild davon malen. Dann steigst du höher, bis du die Berge erreichst. Du ruhst dich auf einem Gipfel aus und fühlst die Stille in dir. Du spürst wie neue Kraft aus der Stille wächst. Du weißt, das ist gut. Du kreist noch ein Weilchen am Himmel und spürst die Kraft in dir. Du weißt jetzt, dass du nur in die Stille gehen musst, wenn du Kraft brauchst.

Und dann hast du wieder Kraft genug geschöpft und fliegst langsam zur Erde zurück. Sicher auf dem Boden gelandet, stellst du dich gegen den Wind und breitest deine Arme aus. Du gehst langsam die Wiesen und Felder entlang, bis du dein Zuhause wieder erreicht hast. Du kommst hierher zurück und öffnest deine Augen. Du richtest dich langsam über die Seitenlage auf. Du machst eine Faust, reckst und streckst dich. Jetzt bist du wieder frisch und munter.

Weiterführende Möglichkeiten

Atem-Küken

> **Material:** eine leere Konservendose, grüne, gelbe, rote, weiße und schwarze Tonpapierreste, ein Bleistift, eine Schere und Klebstoff

Basteln: Die leere Büchse wird mit grünem Tonpapier umklebt. Dabei lässt man einen ca. 1,5 cm hohen Rand stehen. Der Rand wird mehrfach eingeschnitten, nach innen geknickt und festgeklebt. Auf das weiße Tonpapier wird eine aufgesprungene Eierschale gezeichnet und ausgeschnitten. Aus der Eierschale schaut ein Küken hervor. Das Küken wird aus gelbem Tonpapier geschnitten und bekommt einen roten Schnabel und schwarze Augen. Es wird hinter die Eierschale geklebt, so dass es heraus schauen kann. Anschließend wird es innen in die Büchse gekebt. Dabei schaut der Kopf des Kükens über den Büchsenrand hervor.

Spielen: Das Kind liegt ganz bequem auf dem Rücken. Auf seinem Bauch steht das Büchsenküken. Das Kind atmet ganz ruhig und gleichmäßig und beobachtet dabei sein Küken. Mit jedem Atemzug bewegt sich das Küken gleichmäßig auf und ab.

Ziel/Anmerkung: Jüngere Kinder glauben, dass bei jedem ihrer Atemzüge das Küken ebenfalls atmet. Hier kommt das magische Denken der Kinder zum Ausdruck. Damit das Küken einen festen Stand auf dem Bauch hat, muss der Atem sehr gleichmäßig fließen. Das erfordert Ausdauer und Konzentration.

39

Tastbäume

Material: unterschiedliche Naturmaterialien, wie Moos, Heu, Gras, Kieselsteine, Sand etc., Klebstoff, Tapetenrollen

Basteln: Die Naturmaterialien müssen zum Teil zwei bis drei Tage vorher getrocknet werden. Aus der Tapetenrolle wird ein Baumumriss etwa in der Größe der Kinder ausgeschnitten und mit einem Klebeband an einer Wand angebracht. Anschließend werden die getrockneten Naturmaterialien mit einem Alleskleber an den Baum geklebt.

Spielen: Mit geschlossenen Augen steht das Kind vor dem Tastbaum und erfühlt das angebrachte Naturmaterial. Dabei streicht es ganz langsam von unten nach oben und bleibt bei jedem Naturmaterial mit der Hand stehen. Es soll genau beschrieben werden, wie sich das jeweilige Material anfühlt oder wie es sich von den vorherigen Materialien unterscheidet. Angenehme und unangenehme Empfindungen können anschließend besprochen werden.

Ziel: Das Kind lernt Eigenschaften unterschiedlichster Naturmaterialien kennen. Seine Begriffsbildung wird gefördert, der Tastsinn sensibilisiert und Konzentration und Ausdauer gefördert.

Sommer

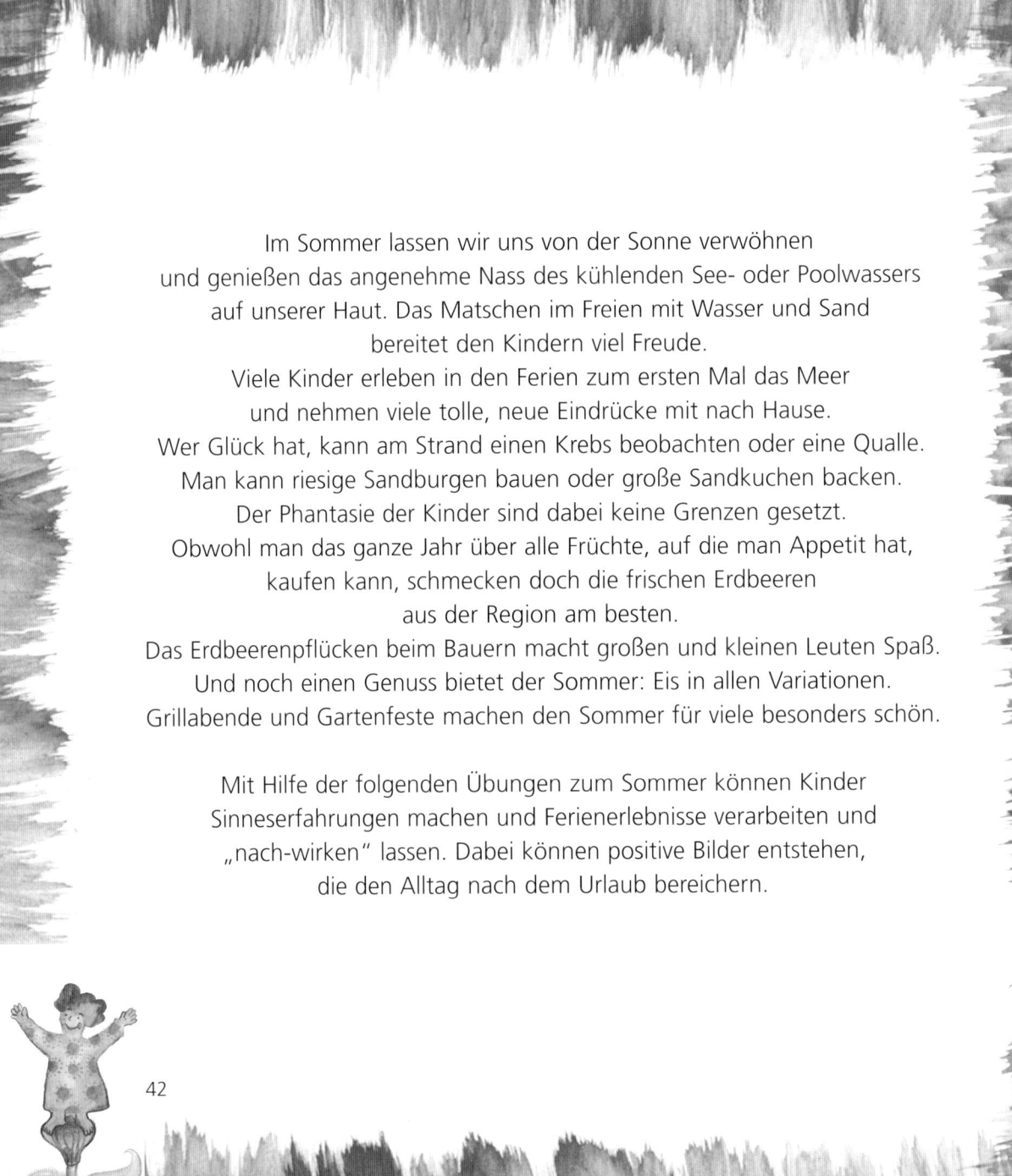

Im Sommer lassen wir uns von der Sonne verwöhnen
und genießen das angenehme Nass des kühlenden See- oder Poolwassers
auf unserer Haut. Das Matschen im Freien mit Wasser und Sand
bereitet den Kindern viel Freude.
Viele Kinder erleben in den Ferien zum ersten Mal das Meer
und nehmen viele tolle, neue Eindrücke mit nach Hause.
Wer Glück hat, kann am Strand einen Krebs beobachten oder eine Qualle.
Man kann riesige Sandburgen bauen oder große Sandkuchen backen.
Der Phantasie der Kinder sind dabei keine Grenzen gesetzt.
Obwohl man das ganze Jahr über alle Früchte, auf die man Appetit hat,
kaufen kann, schmecken doch die frischen Erdbeeren
aus der Region am besten.
Das Erdbeerenpflücken beim Bauern macht großen und kleinen Leuten Spaß.
Und noch einen Genuss bietet der Sommer: Eis in allen Variationen.
Grillabende und Gartenfeste machen den Sommer für viele besonders schön.

Mit Hilfe der folgenden Übungen zum Sommer können Kinder
Sinneserfahrungen machen und Ferienerlebnisse verarbeiten und
„nach-wirken" lassen. Dabei können positive Bilder entstehen,
die den Alltag nach dem Urlaub bereichern.

Spiele zum Stillwerden und Wahrnehmen

Früchtekorb

> **Material:** verschiedende Früchte, wie z.B. Ananas, Melone, Erdbeeren, Kirschen, Johannisbeeren etc. ✱ **Mitspieler:** 1 Person oder mehr ✱ **Alter:** ab 3 Jahre

Das Kind sitzt in der Königshaltung auf einem Stuhl. Die Erzieherin hat in verschiedenen Schälchen unterschiedliche Fruchtstücke zubereitet. Mit einem Löffel wird nacheinander ein Fruchtstück zum Mund geführt. Das Kind hat die Augen geschlossenen und soll nach jedem Kosten versuchen, die Frucht zu erkennen und den Namen zu nennen.

Erdbeeren riechen

> **Material:** Erdbeeren und verschiedene Dinge zum Riechen, wie Zitrone, Parfüm, Essig etc. in separaten Schälchen ✱ **Mitspieler:** 1 Person oder mehr
> **Alter:** ab 3 Jahre

Das Kind schnuppert zunächst an einem Schälchen mit Erdbeeren. Anschließend soll es die Augen schließen und an allen vorhandenen Schälchen mit den unterschiedlichsten Materialien riechen. In irgendeinem Schälchen befinden sich die Erdbeeren, die herausgefunden werden sollen. Glaubt das Kind, die Erdbeeren gefunden zu haben, öffnet es die Augen.

Erdbeeren schmecken

Material: ein Schaschlick-Spieß für jedes Kind, Erdbeeren, verschiedene Obstsorten in kleine Stücke geschnitten
Mitspieler: 1 Person oder mehr ✱ **Alter:** ab 3 Jahre

Verschiedene Obststückchen werden auf die Schaschlik-Spieße gesteckt. Auf jedem Spieß befindet sich auch immer eine Erdbeere. Ein Kind beginnt und probiert mit geschlossenen Augen das erste Obststück. Glaubt es die Erdbeere zu schmecken, öffnet es die Augen. Mit dieser Übung wird nicht nur der Geschmackssinn verfeinert – die Kinder können es sich einfach gut schmecken lassen.

Schatzsuche im Sandberg

Material: eine große Schüssel mit Sand, verschiedene kleine Gegenstände, wie Muscheln, Steine, Murmeln etc. ✱ **Mitspieler:** 1 Person oder mehr
Alter: ab 3 Jahre

Inmitten des Stuhlkreises befindet sich eine große Schüssel mit einem Sandberg. Daneben liegen verschiedene ‚Schätze‘, wie Muscheln, Steine, Murmeln etc. Das Kind geht vor die Türe und die Erzieherin gräbt alles in den Sandberg ein. Danach wird das Kind wieder hereingebeten. Es soll in dem Sandberg buddeln und einen Gegenstand erfühlen und benennen. Anschließend holt das Kind den ‚Schatz‘ hervor, wurde er richtig erkannt, darf der Schatzsucher noch einmal sein Glück versuchen.

Meine Lieblingsfrucht

Material: verschiedene Früchte ✱ **Mitspieler:** 1 Person oder mehr ✱ **Alter:** ab 3 Jahre

Das Kind sitzt in der Königshaltung. Die Erzieherin sitzt mit vier bis sechs unterschiedlichen Früchten vor dem Kind. In Gedanken sucht sich die Erzieherin eine vor sich liegende Lieblingsfrucht aus und beschreibt diese.
Das Kind soll die Lieblingsfrucht der Erzieherin herausfinden.
Glaubt das Kind die richtige Antwort zu wissen, nennt es die Frucht. Zur Belohnung gibt's natürlich ein Fruchtstückchen.

Bananenmilch herausfinden

Material: etwas Bananenmilch und weitere Milchmixgetränke, wie z.B. Waldmeister- und Himbeermilch
Mitspieler: 1 Person oder mehr ✱ **Alter:** ab 4 Jahre

Ein Kind sitzt in der Königshaltung auf einem Stuhl und hat die Augen geschlossen. Die Erzieherin reicht dem Kind verschiedene Gläser mit unterschiedlichen Milchmixgetränken. Unter den verschiedenen Geschmacksrichtungen befindet sich auch Bananenmilch, die vom Kind erkannt werden soll.
Tipp: Wie wär's denn mal mit einer tollen Milchshake-Fete?

Jogurt mit Frucht

Material: ein Suppenlöffel, ein Naturjogurt und bis zu drei Fruchtstücken, wie Ananas, Kiwi, Himbeeren etc. ✱ **Mitspieler:** 1 Person oder mehr ✱ **Alter:** ab 4 Jahre

Das Kind sitzt in der Königshaltung auf einem Stuhl und hat die Augen geschlossen. Die Erzieherin gibt ihm auf einem Löffel jeweils drei Fruchtstückchen mit etwas Naturjogurt zum Probieren. Das Kind soll die Früchte herausschmecken und namentlich benennen.

Muscheln legen

Material: unterschiedliche Muscheln aus dem Urlaub
Mitspieler: ab 1 Person ✱ **Alter:** ab 4 Jahre

Das Kind sitzt ebenerdig auf einem Kissen. Die Erzieherin legt mit den gesammelten Muscheln zwei (bei geübteren Kindern bis zu vier) unterschiedliche geometrische Formen, wie z. B. ein Quadrat, ein Rechteck, ein Dreieck, einen Kreis usw. Das Kind soll sich nun die entstandenen Formen genau ansehen, bevor es den Raum verlässt. Während das Kind vor der Türe wartet, wird eine Form von der Erzieherin leicht verändert. Das Kind vor der Türe wird wieder hereingebeten und soll herausfinden, um welche Form es sich handelt.

Luftballon aufblasen

Material: ein Luftballon für jedes Kind ✱ **Mitspieler:** mindestens 2 Personen
Alter: ab 5 Jahre

Jedes Kind hat einen Luftballon vor sich liegen. Gemeinsam wird zunächst tief aus- und eingeatmet. Danach nehmen die Kinder den Luftballon in die Hand und versuchen, so viel Luft wie möglich hineinzublasen.
Dies wird noch 2–3 mal wiederholt. Sieger ist das Kind, welches den größten Luftballon aufblasen konnte.

Muscheln ertasten

Material: Muscheln, Knöpfe, Rindenstücke, Murmeln etc.
Mitspieler: 1 Person oder mehr ✳ **Alter:** ab 4 Jahre

Das Kind befindet sich in der Königshaltung und hat die Augen geschlossen. Die Erzieherin reicht ihm nacheinander unterschiedliche Materialien, die ertastet werden sollen. Immer wenn das Kind glaubt, dass es sich um eine Muschel handelt, sagt es „Muschel gefunden". Nachdem jedes Kind bis zu zehn unterschiedliche Materialien fühlen konnte, öffnet es die Augen und gemeinsam mit der Erzieherin schaut es sich an, wie oft es tatsächlich eine Muschel gefunden hat.

Steine im Wasserglas

Material: eine große Schüssel mit Wasser, kleine Kieselsteine
Mitspieler: 1 Person oder mehr ✳ **Alter:** ab 4 Jahre

Das Kind sitzt in der Königshaltung und hat die Augen geschlossen. Vor ihm steht eine große Schüssel mit Wasser. Die Erzieherin wirft einen Kieselstein ins Wasser. Erst nachdem das Steinchen vollständig ins Wasser eingetaucht ist und keine Geräusche mehr zu vernehmen sind, wird evtl. ein zweiter Kieselstein hineingeworfen. Das Kind soll genau hinhören. Auf ein bestimmtes Signal hin öffnet das Kind seine Augen und berichtet wie oft es das Eintauchen des Kieselsteins hören konnte.

Wellen beobachten

Material: ein Seidentuch (mindestens 1m x 1m groß), eine Klangkugel
Mitspieler: mindestens 3 Personen ✳ **Alter:** ab 5 Jahre

Die Kinder halten das Tuch am Rand fest. In der Mitte des Tuches liegt eine
Klangkugel, die durch wellenförmiges Aufschütteln des Tuches langsam bewegt
werden soll. Nach ca. 1– 2 Minuten werden weitere Bewegungsabläufe, wie beispielsweise im Knien oder im Sitzen das Tuch bewegen, im Kreis langsam gehen
oder die Klangkugel jeweils zu einem bestimmten Kind rollen, hinzugenommen.

Schiffe auf hoher See

Material: Hindernisse, z.B. Stühle ✳ **Mitspieler:** mindestens 2 Personen
Alter: ab 5 Jahre

Die Stühle werden als Hindernisse im Raum aufgestellt. Ein Kind spielt das
Schiff; es hat die Augen geschlossen. Ein anderes Kind ist der Kapitän und soll
das Schiff sicher in den Hafen fahren. Die beiden Kinder bestimmen ein
Schiffssignal, wie z.B. mit den Fingern schnipsen und stellen sich in einem
Abstand von ca. 30 cm mit dem Gesicht zueinander auf. Der Kapitän lässt nun
leise das Signal ‚zur Abfahrt‘ erklingen und das ‚Schiff‘ folgt langsam, in dem es
die Bewegungen des Kapitäns zu erspüren versucht. Dabei werden auch
Schiffsriffe (Hindernisse) umfahren. Sind mehrere Schiffe auf See, muss der
Kapitän darauf achten, dass sein Schiff nicht mit einem anderen zusammenstößt.
Schiffe, die sich berühren, müssen noch einmal von vorn beginnen.

Langsam sinkt das Schiff

Material: große Schüssel mit Wasser, eine kleine Käseschachtel, unterschiedlich schwere Materialien, wie Federn, Watte, Korken, Kieselsteine etc.
Mitspieler: 1 Person oder mehr ✱ **Alter:** ab 5 Jahre

Das Kind steht vor einer großen Schüssel mit Wasser. Auf dem Wasser schwimmt ein Lastschiff, die Käseschachtel. Das Kind soll nun die Materialien nacheinander senkrecht in die Schachtel fallen lassen. Dabei sollen zunächst nur solche Materialien gewählt werden, die das Schiff nicht so schnell zum Sinken bringen. Während der Übung sollte das Kind nach Möglichkeit nicht sprechen, sondern sich ganz auf seine Aufgabe konzentrieren.

Das leere Glas

Material: 4–6 gleiche Gläser, die mit unterschiedlichen Wassermengen gefüllt sind, ein leeres Glas, eine Gabel ✱ **Mitspieler:** 1 Person oder mehr ✱ **Alter:** ab 5 Jahre

Alle Gläser werden auf einen Tisch gestellt. Die Erzieherin schlägt mit einer Gabel nacheinander die unterschiedlich gefüllten Gläser an. Am Ende wird das Glas ohne Inhalt mit der Gabel angeschlagen. Das Kind soll sich den Klang dieses Glases gut merken. Dann nimmt es die Königshaltung oder die gelöste Sitzhaltung ein und schließt die Augen. Die Erzieherin schlägt nun die Gläser mit der Gabel an. Glaubt das Kind den Klang des leeren Glases zu hören, hebt es die Hand.

Schatzsuche im Meer

Material: eine große Schüssel mit Wasser und unterschiedliche Gegenstände, wie Knöpfe, Murmeln, Muscheln, Steine etc. ✳ **Mitspieler:** 1 Person oder mehr ✳ **Alter:** ab 6 Jahre

In einer großen Schüssel mit Wasser befinden sich 6–8 unterschiedliche Gegenstände. Das Kind greift mit einer Hand hinein und versucht einen ‚Schatz' zu fischen. Dabei sind die Augen geschlossen. Der blind gewählte Gegenstand wird abgetastet. Das Kind beschreibt wie sich der Schatz anfühlt und versucht den Gegenstand mit Namen zu benennen.

Wassertropfen zählen

Material: ein Wasserhahn ✳ **Mitspieler:** 1 Person oder mehr ✳ **Alter:** ab 6 Jahre

Das Kind sitzt in Königs- oder Droschkenkutscherhaltung mit geschlossenen Augen auf einem Stuhl. Die Erzieherin öffnet langsam den Wasserhahn, bis er tropft. Das Kind soll die Tropfen in Gedanken zählen. Nach maximal 20 Tropfen wird der Wasserhahn wieder zugedreht. Das Kind öffnet die Augen und teilt die Anzahl der gezählten Wassertropfen mit.

Sandberg mit Fahne

Material: ein großer flacher Teller mit feuchtem Sand, eine kleine Fahne für jeweils zwei Kinder, ein stumpfes Messer für jedes Kind ✳ **Mitspieler:** mindestens 2 Personen ✳ **Alter:** ab 6 Jahre

Auf einem großen flachen Teller wird feuchter Sand zu einem hohen Berg aufgeschichtet. In die Bergspitze wird eine Fahne gesteckt. Jeweils zwei Kinder sollen abwechselnd einen Teil vom Berg vorsichtig mit dem Messer abtragen. Die Fahne darf nicht herunterfallen. Da man sich sehr konzentrieren muss, sollte nicht gesprochen werden. Ist das Fähnchen umgekippt, können die Partnerkinder einen neuen Versuch starten.

Gemüseverkostung

Material: verschiedene Sorten Sommergemüse, kleingeschnitten, ein Suppenlöffel für jedes Kind ✱ **Mitspieler:** 1 Person oder mehr ✱ **Alter:** ab 6 Jahre

Das Kind nimmt die Königshaltung ein und hält seine Augen geschlossen. Die Erzieherin legt zum Probieren 2–3 kleine Gemüsestückchen auf einen Suppenlöffel. Das Kind soll das Gemüse im Mund schmecken und es benennen. Ist noch Gemüse übrig, kann man daraus gemeinsam eine wohlschmeckende Gemüsesuppe zubereiten und probieren, wie das Gemüse in gekochtem Zustand schmeckt.

Koffer packen

Material: ein Reisekoffer, mehrere Urlaubsutensilien, wie Zahnbürste, T-Shirt, Badehose, Taucherbrille etc. ✱ **Mitspieler:** 2 Personen oder mehr ✱ **Alter:** ab 6 Jahre

Vor dem Kind liegt ein Reisekoffer, angefüllt mit Gegenständen, die im Sommerurlaub benötigt werden können. Das Kind sieht sich alles genau an. Anschließend nimmt es auf einem Stuhl die Königshaltung ein und schließt die Augen. Jetzt wird dem Kind ein Gegenstand aus dem Koffer zum Fühlen gereicht. Erkennt es den Gegenstand wieder, darf es weiterraten. Nennt es einen falschen Begriff, kommt ein weiteres Kind aus der Gruppe an die Reihe.

Wellen hören

Material: ein Ocean Drum ✷ **Mitspieler:** mindestens 2 Personen ✷ **Alter:** ab 7 Jahre

Die Kinder stehen verteilt im Raum und haben die Augen geschlossen. Die Erzieherin geht leise umher und bleibt an einem beliebigen Platz stehen, an dem sie das Ocean Drum erklingen lässt. Die Kinder sollen genau hinhören und sich behutsam in die Klangrichtung bewegen, indem sie mit den Händen ihren Weg ertasten.

Picknickkorb (Teil 1)

Material: ein Korb mit Besteck, Teller, Tassen, Getränke, Brot, Wurst, Käse etc.
Mitspieler: 1 Person oder mehr ✷ **Alter:** ab 7 Jahre

Zusammen wird ein Picknickkorb mit Besteck, Tellern, Tassen, Getränken, Brot, Wurst, Käse etc. gepackt. Danach geht ein Kind vor die Türe. Während dieser Zeit wird ein Gegenstand oder ein Lebensmittel aus dem Korb genommen und versteckt. Das Kind vor der Tür wird wieder hereingeholt und versucht herauszufinden, was fehlt. Ein anschließendes Picknick im Garten der Kindertageseinrichtung oder in freier Natur macht dann besonders Spaß.

Picknickkorb (Teil 2)

Material: Malpapier und Stifte ✷ **Mitspieler:** mindestens 4 Personen ✷ **Alter:** ab 7 Jahre

Die Kinder sitzen in der Königshaltung im Stuhlkreis. Ein Kind im Kreis nennt einen Gegenstand oder ein Lebensmittel, welches in einen Picknickkorb gehört. Danach nennt das nächste Kind einen weiteren Begriff. Dies wird so lange fortgesetzt bis ca. acht Kinder (bei geübteren Gruppen auch mehr) in Gedanken etwas in den Picknickkorb gepackt haben. Danach dürfen die Kinder die genannten Gegenstände und Lebensmittel malen. Wer kann sich noch an alles erinnern?

Packen für den Sommerurlaub

Material: verschiedene Gegenstände für den Sommerurlaub, einige Kleidungsstücke für den Winter, ein Reisekoffer
Mitspieler: 1 Person oder mehr ✱ **Alter:** ab 7 Jahre

Gemeinsam wird ein Koffer ausgepackt, in dem sich verschiedene Gegenstände befinden. Manche Gegenstände, wie Taucherbrille, Schwimmreifen, Handtuch etc. benötigt man für den Sommerurlaub, andere Gegenstände, wie Handschuhe, Schal, Mütze etc. sind dafür ungeeignet. Das Kind soll mit geschlossenen Augen die verschiedenen Gegenstände fühlen. Glaubt es etwas passendes für den Sommerurlaub zu fühlen, wird dieses in den Reisekoffer gepackt. Die Dinge für den Winterurlaub werden zur Seite gelegt. Nachdem das Einpacken abgeschlossen ist, dürfen die Augen geöffnet und das Ergebnis überprüft werden.

Spürst du den Luftballon?

Material: ein Luftballon und eine Decke für jeweils zwei Kinder
Mitspieler: mindestens 2 Personen ✱ **Alter:** ab 7 Jahre

Die Kinder gehen paarweise zusammen. Ein Kind legt sich in der Entspannungshaltung auf die Decke. Das Partnerkind legt ihm einen nur leicht mit Luft gefüllten Ballon unter das linke Bein. Nach ca. zehn Sekunden wird der Luftballon unter das rechte Bein gelegt. Nach weiteren zehn Sekunden ‚wandert' der Luftballon unter den linken Oberschenkel usw. Das wir so lange fortgesetzt, bis der Luftballon unter dem Kopf liegt. Das liegende Kind versucht in Gedanken den Weg des Luftballons zu verfolgen. Danach werden die Rollen getauscht.

Entspannungseinheit
„Eine märchenhafte Schiffsreise"

Material: ein Luftballon für jedes Kind, ein Riesenluftballon (ca. 1m Durchmesser), eine Luftballonpumpe, ein Fallschirm aus Nylon mit Halteschleifen, ein Zauberstab
Mitspieler: mindestens 12 Kinder ✱ **Alter:** ab 6 Jahre

Hinführung

Erfahrungen mit dem Luftballon sammeln, z.B.:
▶ den Luftballon aufblasen, loslassen und beobachten,
▶ den Luftballon aufblasen und langsam quietschen lassen,
▶ den Luftballon aufblasen, verknoten und fliegen lassen,
▶ den Luftballon senkrecht hochwerfen und auffangen,
▶ den Luftballon beim Hochwerfen mit beiden Händen gleichzeitig drehen und auffangen,
▶ krabbeln und den Luftballon mit dem Kopf führen,
▶ sich breitbeinig hinstellen und den Luftballon um die Beine herumführen,
▶ am Kopf den Luftballon reiben und „elektrische Haare" erzeugen,
▶ mit den einzelnen Körperteilen, wie Kopf, Nase, Ellenbogen, Fingern, Oberschenkeln den Luftballon anstoßen

Ziel: In der Experimentierphase lernen die Kinder das Material Luftballon spielerisch kennen. Durch das freie Spiel wird die Phantasie der Kinder gefördert. Ideen anderer Kinder können aufgegriffen, ergänzt und erweitert werden. Die Bewegungsfähigkeit wird aktiviert und differenziert.

Der Luftballon geht auf Reisen – Stilleübung

Die Kinder sitzen im Kreis auf dem Boden und haben die Augen geschlossen. Die Erzieherin reicht den Luftballon einem Kind im Kreis. Ohne Worte soll das Kind den Luftballon mit allen Sinnen wahrnehmen und anschließend dem rechten Nachbarn weiterreichen. Dies wird so lange fortgeführt bis alle Kinder an der Reihe waren. Danach bittet die Erzieherin die Kinder, ihre Augen zu öffnen und von der Luftballonreise zu berichten.

Ziel: Die Kinder können unterschiedliche Sinne einsetzen. Durch das Warten auf den Luftballon wird die Geduld und Konzentration der Kinder gefördert.

Bewegungsspiele

Wellenmacher

Die Kinder sitzen vor einem Schwungtuch und verstecken ihre Hände hinter dem Rücken. Nachdem es ganz leise ist, bittet die Erzieherin die Kinder, den Fallschirm an den Halteschleifen anzufassen. Die Kinder sollen verschiedene Bewegungsmöglichkeiten mit dem Fallschirm herausfinden z.B.:
▶ den Fallschirm auf und ab bewegen,
▶ kleine und große Wellen erzeugen,
▶ den Fallschirm anspannen und im Kreis gehen,
▶ ein Kind legt sich in/unter den Fallschirm und die Gruppe erzeugt Wellen

Ziel: Im Spiel mit dem Fallschirm erleben die Kinder Gemeinschaft. Die Motorik wird gefordert und gefördert.

Wir wecken den Kapitän

Die Erzieherin verwandelt mit Hilfe des Zauberstabs die Luftballons zu Matrosen und das Schwungtuch zu einem Schiff. Danach werden die Kinder gefragt, wer jetzt noch in der Mannschaft fehlen könnte. Die Antwort lautet : „Der Kapitän". Die Erzieherin bittet die Kinder, ihr ganz leise zu folgen und den Kapitän zu wecken. Dieser liegt als Riesenluftballon unter einem Tuch im hintersten Winkel des Raums. Ganz langsam hebt die Erzieherin das Tuch an und holt den Kapitän hervor. Damit alle Kinder den Kapitän begrüßen können, ziehen sie ihre Schuhe aus und setzen sich in den Kreis. Sie sollen nur mit den Füßen den Kapitän kreuz und quer innerhalb des Kreises bewegen.

Ziel: Für Kinder ist der Riesenluftballon unter dem Tuch ein Überraschungsmoment und ein Höhepunkt der Entspannungseinheit. Durch eine solche abwechslungsreiche Stunde bleibt die Ausdauer und Konzentration der Kinder erhalten. Zudem erzeugt das Spiel mit den Füßen lustvolle Bewegungserlebnisse. Reaktionen und körperliche Geschicklichkeit werden geübt.

Wir wecken den Matrosen

Alle Kinder wecken ihre Matrosen (Luftballons) und bringen sie in die Schiffsmitte (Fallschirm). Nachdem alle Matrosen an Bord sind, wird der ‚Kapitän' dazugelegt. Die Kinder sollen das Schiff so bewegen, dass nach Möglichkeit kein Matrose über Bord geht. Matrosen, die das Schiff wegen der stürmischen See verlassen mussten, scheiden aus. Wenn fast kein Matrose mehr an Bord ist, dürfen die Kinder die Matrosen wieder auf das Schiff bringen und den Durchgang wiederholen.

Ziel: Die abwechslungsreiche Gestaltung von Ruhe- und Bewegungsphasen führt zu einer dynamischen Gestaltung der Stunde.
Das Identifikationsvermögen wird durch die phantasievoll eingekleidete Spielsituation angesprochen und intensiviert. Zudem müssen Bewegungsabläufe innerhalb der Gruppe abgestimmt, differenziert und aktiviert werden.
Der Gemeinschaftssinn innerhalb der Gruppe wird gefördert.

Ruhephase

Die Erzieherin erzählt folgende kleine Mitmachgeschichte:
„Nach der langen Schiffsreise erreichen die Matrosen mit dem Kapitän langsam den Hafen. Das Schiff legt im Hafen an und die Besatzung verlässt ganz leise das Schiff. Die Matrosen und der Kapitän sind von der langen Schiffsreise müde geworden und beschließen, sich im Hafen auszuruhen. Sie holen sich eine Decke und ein Kopfkissen. Zum Hinlegen sucht sich jeder einen gemütlichen Platz aus."
Nachdem das ‚Schiff', die ‚Matrosen' und der ‚Kapitän' zur Seite gelegt wurden, dürfen die Kinder ihre Decken und Kopfkissen zum Entspannen holen.
Wer möchte, darf seine Schuhe ausziehen und die Augen schließen.

Ziel: Es wir eine Überleitung zur Entspannungsgeschichte „Steig ein ins Segelboot" geschaffen. An dieser Stelle könnte aber auch eine Musikentspannung z. B. mit Meeresrauschen eingesetzt werden.

Steig ein ins Segelboot
(Entspannungsgeschichte)

An einem sonnigen Nachmittag machst du einen Spaziergang zum Hafen. Die Sonne scheint angenehm warm auf deinen Körper. Am blauen Himmel kannst du umherkreisende Möwen entdecken. Du gehst ein Stück auf dem Asphalt des Weges, dann siehst du Schiffe am Kai. Neben den großen, schönen Schiffen kannst du ein kleines, unscheinbares Segelboot entdecken. Ein solches Segelboot, welches dir ganz alleine gehört, hast du dir schon immer gewünscht. Du weißt auch, dass in deiner Phantasie alles möglich ist. So beschließt du, in Gedanken das Segelboot zu besteigen und langsam den Hafen zu verlassen.

Die See ist ganz ruhig. Dein Atem geht ein und aus, ein und aus. Du atmest ganz gleichmäßig und ganz von allein. Der Wind streicht angenehm warm um deine Haut. Du kannst die Meeresbrise riechen, die deine Nase verwöhnt.

Jetzt kannst du einige Delphine entdecken, die im Wasser spielen. Etwas weiter siehst du eine kleine Insel. Du möchtest gerne die Insel besuchen. Du steuerst auf sie zu. Als dein Segelboot die Insel erreicht hat, steigst du langsam aus. Du spürst den warmen, weichen Sand unter deinen Füßen. Du gehst ein Stück den Strand entlang, bis du einen schönen Schattenplatz entdecken kannst. Dort möchtest du dich gerne ausruhen. Du legst dich langsam in den Sand und schließt deine Augen. Ganz ruhig ist es hier und Ruhe ist auch in dir. Dein Atem geht ein und aus, ein und aus. Du atmest ganz gleichmäßig und ganz von allein.

Nachdem du genügend Kraft geschöpft hast, möchtest du wieder nach Hause segeln. Du stehst langsam auf. Auf dem Weg zum Segelboot kannst du wieder den warmen, weichen Sand unter deinen Füßen spüren. Du steigst in dein Segelboot ein und segelst langsam zum Hafen zurück. Nachdem du mit deinem Segelboot am Kai angelegt hast, gehst du erholt wieder nach Hause. Du weißt jetzt, dass du in deiner Phantasie nur in dein Segelboot einzusteigen brauchst, wenn du wieder eine Reise machen und neue Kraft schöpfen möchtest.

Du kommst von deiner Reise langsam zurück und öffnest deine Augen. Du richtest dich langsam über die Seitenlage auf. Du machst eine Faust, reckst und streckst dich. Jetzt bist du frisch und munter!

Weiterführende Möglichkeiten

Ob die Entspannungseinheit „Eine märchenhafte Schiffsreise" noch weitergeführt wird, sollte die Erzieherin situativ entscheiden. Die Vertiefung kann mit Hilfe eines selbstgebastelten Papierschiffs erfolgen.

Schiff auf See

Material: ein selbstgebasteltes Papierschiff aus Regenbogenpapier oder Faltpapier
Mitspieler: mindestens 2 Personen ✱ **Alter:** ab 4 Jahre

Die Kinder gehen paarweise zusammen. Eines der Partnerkinder legt sich auf den Rücken (Entspannungshaltung im Liegen) und schließt die Augen. Das andere Kind darf mit seinem selbst gebastelten Papierschiff vorsichtig den Körper des liegenden Kindes umfahren. Dabei sollte das Papierschiff immer im Kontakt zum Körper sein. In Gedanken soll das liegende Kind die Schiffsreise genau verfolgen. Nachdem der ganze Körper umfahren wurde, werden die Rollen gewechselt. Anschließend findet ein Erfahrungsaustausch in der Gruppe statt.

Ziel: Mit dieser Übung wird die Körperwahrnehmung intensiviert. Zudem wird durch die Partnerübung eine Vertrauensbasis geschaffen und die Konzentration und Ausdauer gefördert.

Träumen im Segeltuch

Material: ein Segel- oder Leinentuch, ein Musikstück zum Entspannen
oder ein nachklingendes Instrument, wie Metallophon, Glockenspiel, Triangel
Mitspieler: mindestens 5 Personen ✱ **Alter:** ab 5 Jahre

Ein Kind liegt in einem Segeltuch und spielt den schlafenden Kapitän. Vier weitere Kinder sind die Matrosen; sie halten die Ecken des Leinentuchs mit beiden Händen fest. Die Matrosen gehen ganz langsam auf Zehenspitzen im Kreis herum. Der schlafende Kapitän wird im Uhrzeigersinn gedreht und darf nicht geweckt werden. Damit keine zu schnellen oder zu heftigen Bewegungsabläufe von der Gruppe ausgeführt werden, sollte ein kurzes Musikstück oder ein nachklingendes Instrument zum Entspannen eingesetzt werden. Nach zwei bis drei Minuten findet ein Rollenwechsel statt. Sind alle Kinder an die Reihe gekommen, können innerhalb der Gruppe die gesammelten Erfahrungen ausgetauscht werden.

Ziel: In dieser Spielsituation wird Bewegung und Musik als Einheit erlebt. Dabei werden die Sinne sensiblisiert. Motorik und Koordination werden angesprochen und entwickelt.

Herbst

Der Herbst bringt uns die letzten warmen Sommertage,
aber auch Regen, Sturm und Nebel. Der frische Herbstwind lässt Drachen
steigen und das Laub raschelt herrlich unter den Füßen.
Die Kinder sammeln eifrig Kastanien und Eicheln zum Spielen und Basteln.
Eichhörnchen, Igel und Dachs sammeln nun ihren Wintervorrat ein
und auf den Feldern und auf den Obstwiesen ernten die Landwirte Getreide,
Gemüse, Äpfel, Birnen und Trauben. Viele Menschen feiern das
Erntedankfest, das noch an Bedeutsamkeit zugenommen hat,
da viele den Prozess des Wachsens und Erntens nicht mehr unmittelbar
miterleben können.

Die folgenden Übungen zum Herbst sollen dazu beitragen,
die Veränderungen in der Natur intensiver und differenzierter
wahrzunehmen. Zu diesem Themenkreis werden auch
verschiedene Übungen vorgestellt, die sich vor allem mit der Atmung
beschäftigen. Spielerisch lernen die Kinder am besten,
wie sie in bestimmten (belastenden) Situationen
die Konzentration auf den eigenen Atem lenken und entspannen können.

Spiele zum Stillwerden und Wahrnehmen

Laubmensch

> **Material:** Blätter von Laubbäumen ✱ **Mitspieler:** mindestens 2 Personen
> **Alter:** ab 3 Jahre

Die Kinder gehen paarweise zusammen. Ein Kind nimmt die Entspannungshaltung im Liegen ein. Die Augen sind nach Möglichkeit geschlossen. Das andere Kind legt vorsichtig Laubblätter um den Körper des liegenden Kindes. Anschließend soll das Kind langsam aufstehen und das Werk betrachten. Danach werden die Rollen getauscht.

Birne oder Apfel?

> **Material:** ein Apfel und eine Birne ✱ **Mitspieler:** 1 Person oder mehr
> **Alter:** ab 3 Jahre

Das Kind sitzt in der Königshaltung auf einem Stuhl. Gemeinsam mit der Erzieherin betrachtet es einen Apfel und eine Birne und prägt sich die Form beider Früchte ein. Dann schließt das Kind die Augen und die Erzieherin reicht ihm den Apfel oder die Birne. Das Kind fühlt die Frucht und versucht sie mit geschlossenen Augen zu erkennen. Anschließend öffnet das Kind seine Augen und überprüft sein Ergebnis.

Windmühle

Material: – * Mitspieler: mindestens 2 Personen * Alter: ab 3 Jahre

Die Kinder stehen im Kreis und spielen Windräder. In der Kreismitte befindet sich ein Windkind. Das Windkind bestimmt durch sein Kommando die Stärke der sich drehenden Windräder. Hält das Windkind die Arme in die Höhe, kreisen alle Kinder die Arme. Hält das Windkind seine Arme waagrecht, dann machen die Kinder nur mit ihren Händen eine Kreisbewegung. Werden die Arme des Windkinds am Körper gehalten, dann hören die Windräder auf sich zu bewegen. Nach vier bis fünf Bewegungsabläufen wird ein neues Windkind gewählt.

Kastanien im Laub suchen

Material: eine große Schüssel mit Laub, Kastanien, unterschiedliche Materialien, wie Steine, Korken, Hölzer etc.
Mitspieler: 1 Person oder mehr * Alter: ab 3 Jahre

In einer großen Schüssel befinden sich verschiedene Materialien und Kastanien. Alles wird mit viel Laub bedeckt. Das Kind soll mit geschlossenen Augen in die Schüssel greifen und nach den Kastanien suchen. Dabei soll es drei bis vier versteckte Kastanien ‚blind' finden.

Kastanie mit den Füßen fühlen

Material: eine Kastanie, unterschiedliche Materialien, wie ein Stein, ein Blatt, etwas Moos etc.
Mitspieler: 1 Person oder mehr * Alter: ab 4 Jahre

Für diese Übung muss das Kind die Schuhe ausziehen. Dem Kind werden unterschiedliche Materialien unter die Füße gelegt. Es soll nun die Materialien mit den Füßen fühlen und abtasten und die Kastanie herausfinden.

Wo ist der Apfel?

Material: ein Apfel, verschiedende Gegenstände, wie Bauklotz, Ball, Buch etc.
Mitspieler: ab 4 Personen ✱ **Alter:** ab 3 Jahre

Die Kinder sitzen im Stuhlkreis. In der Stuhlkreismitte befinden sich verschiedene Gegenstände und der Apfel. Ein Kind aus der Gruppe soll sich die Gegenstände genau ansehen, bevor es das Zimmer verlässt. Anschließend nehmen sich alle Kinder einen Gegenstand weg und verstecken ihn unter ihrem Pullover.
Das Kind vor der Türe wird wieder hereingeholt und soll die Gegenstände durch die Pullover der Kinder abtasten. Glaubt es, den gesuchten Apfel fühlen zu können, wird der Gegenstand unter dem Pullover hervorgeholt. Wurde der Apfel gefunden, werden die Rolle getauscht.

Fußmassage mit einer Kastanie

Material: eine Kastanie für jedes Kind ✱ **Mitspieler:** 1 Person oder mehr
Alter: ab 4 Jahre

Das Kind zieht die Schuhe aus und legt eine Kastanie unter einen Fuß.
Der andere Fuß steht fest auf der Erde und sorgt für das nötige Gleichgewicht.
Mit dem Fuß wird die Kastanie langsam hin und her bewegt. Die gleichmäßigen und langsamen Auf- und Abbewegungen sorgen für eine wohltuende Fußmassage. Nach ca. einer Minute wird die Kastanie zur Seite gelegt und beide Füße werden miteinander verglichen.
Das Kind spürt, dass es durch den massierten Fuß viel mehr Standfestigkeit gewonnen hat. Danach wird der andere Fuß mit der Kastanie massiert und nach ca. einer Minute werden beide Füße miteinander verglichen.

Birne und Banane

| Material: – ✱ **Mitspieler:** mindestens 8 Personen ✱ **Alter:** ab 4 Jahre |

Die Kinder sitzen im Stuhlkreis. Jedes zweite Kind ist eine Birne und die anderen Kinder sind die Bananen. Ein Kind steht in der Stuhlkreismitte und gibt mit den Klanghölzern Anweisungen. Schlägt das Kind einmal auf die Klanghölzer, müssen alle Birnen einmal klatschen. Schlägt das Kind zweimal auf die Klanghölzer, müssen alle Bananen einmal stampfen. Schlägt das Kind öfters hintereinander auf die Klanghölzer, müssen die Birnen und Bananen zusammen klatschen und stampfen.

Vollkornbrot schmecken

| **Material:** unterschiedliche, helle Brotsorten, wie Weizenbrot, Roggenbrot, Bauernbrot und ein dunkles Vollkornbrot mit vielen Körnern |
| **Mitspieler:** 1 Person oder mehr ✱ **Alter:** ab 4 Jahre |

Das Kind sitzt in der Königshaltung auf einem Stuhl. Ihm werden die verschiedenen hellen Brotsorten gezeigt und mit einem dunklen Vollkornbrot verglichen. Das Kind bekommt nun mit geschlossenen Augen nacheinander verschiedene Brotstückchen zum Probieren.
Glaubt es, ein Vollkornbrotstückchen schmecken zu können, hebt es die Hand. Wie wäre es anschließend mit einem köstlichen Frühstück in der Gruppe?

Kastanie wandern lassen

Material: eine Kastanie ✱ **Mitspieler:** mindestens 8 Personen ✱ **Alter:** ab 4 Jahre

Die Kinder sitzen im Stuhlkreis. Einem Kind wird eine Kastanie vorsichtig auf die flache Hand gelegt. Das Kind soll mit ausgestrecktem Arm und auf Zehenspitzen einmal um den Kreis wandern. Dabei soll die Kastanie nicht herunterfallen. Wurde die Runde gut überstanden, darf das Kind noch einmal sein Glück versuchen.

Der Ausflug

Material: – ✱ **Mitspieler:** mindestens 6 Personen ✱ **Alter:** ab 5 Jahre

Die Kinder sitzen im Stuhlkreis. Ein Kind befindet sich in der Königshaltung in der Stuhlkreismitte und hat die Augen geschlossenen. Die Erzieherin blinzelt ein Kind an, das einen ‚Ausflug' macht. Das Kind geht einmal ganz leise im Kreis herum und setzt sich wieder auf seinen Platz. Das Kind in der Mitte öffnet die Augen und soll das Kind mit Namen nennen, das den Ausflug machte.

Blätter fühlen

Material: ähnliche Materialien, wie Zeitungspapier, Malpapier, Tonpapier, Fotokarton, sowie Laubblätter und ein Leinentuch
Mitspieler: 1 Person oder mehr ✱ **Alter:** ab 5 Jahre

Unter einem Leinentuch befinden sich ähnliche Materialien, wie Zeitungspapier, Malpapier, Tonpapier, Fotokarton, sowie Laubblätter. Das Kind soll ganz vorsichtig unter das Tuch greifen und die Materialien fühlen. Sobald es glaubt, ein Laubblatt fühlen zu können, holt es dieses unter dem Tuch hervor. Wurde das Blatt richtig erfühlt, darf das Kind es noch einmal probieren.

Blätter erkennen und benennen

Material: Blätter von unterschiedlichen Laubbäumen
Mitspieler: 1 Person oder mehr ✱ **Alter:** ab 5 Jahre

Vor dem Kind liegen Blätter unterschiedlicher Laubbäume. Gemeinsam werden drei bis vier, bei älteren Kindern auch bis zu sechs verschiedene Blätter voneinander unterschieden und mit Namen benannt. Nachdem das Kind die Blätter kennengelernt hat, verlässt es den Raum. Die Erzieherin nimmt ein Blatt weg. Das Kind vor der Türe wird wieder hereingeholt und soll das fehlende Blatt herausfinden.

Laubsauger

Material: Blätter von unterschiedlichen Laubbäumen, zwei Strohhalme und ein Gymnastikreifen ✱ **Mitspieler:** 2 Personen oder mehr ✱ **Alter:** ab 5 Jahre

Jeweils zwei Kinder sitzen vor einem Gymnastikreifen. In der Mitte des Reifens liegen die Blätter. Jedes Kind soll mit einem Strohhalm die Blätter aus dem Reifen ‚fischen'. Um genügend Luft holen zu können, muss vor jedem Ansaugen erst tief ausgeatmet werden. Bei dieser Übung, die viel Konzentration erfordert, sollte nach Möglichkeit nicht gesprochen werden.

Igels Schnuppernäschen

Material: eine Schale mit 2 – 3 Tropfen Duftöl, z.B. Apfelaroma
Mitspieler: 1 Person oder mehr ✱ **Alter:** ab 6 Jahre

Das Kind spielt Igel und soll zunächst das Zimmer verlassen. Die Erzieherin stellt die Schale mit dem Duftöl irgendwo im Zimmer auf. Der Igel wird hereingeholt. Er soll mit seiner feinen Schnuppernase zur Duftquelle krabbeln. Die Augen sind dabei geschlossen.

Wo ist die Kastanie?

Material: eine Kastanie ✳ **Mitspieler:** mindestens 8 Personen ✳ **Alter:** ab 5 Jahre

Alle Kinder sitzen im Stuhlkreis. Ein Kind steht in der Mitte. Die Kinder im Stuhlkreis halten ihre Hände hinter dem Rücken versteckt und lassen eine Kastanie hinter ihrem Rücken wandern. Irgendwann klatscht das stehende Kind in die Hände.
Jetzt darf die Kastanie nicht mehr weitergereicht werden. Das Kind in der Mitte soll nun raten, welches Kind die Kastanie in der Hand hält. Hat es richtig geraten, tauschen die beiden ihre Rollen. Wurde falsch geraten, bleibt das Kind noch eine weitere Runde in der Mitte.

Zwischen Windstille und Sturm

Material: – ✳ **Mitspieler:** 1 Person oder mehr ✳ **Alter:** ab 6 Jahre

Bevor das Spiel beginnt, werden verschiedene Windstärken mit den Kindern besprochen und für diese Stärken unterschiedliche akustische Zeichen vereinbart. So könnte folgende Regelung gefunden werden:
▶ Wind = mit den Fingern schnipsen
▶ Windstille = Hände hinter dem Rücken verstecken
▶ Sturm = mit den Händen klatschen und mit den Füßen stampfen
Jetzt sollen die Kinder überlegen, welche Atmung zu den einzelnen Windstärken passen könnte. Dabei könnten folgende Atemtechniken mit dem Kind entwickelt werden:
▶ Wind = ausatmen, Luft tief einatmen und langsam ausatmen
▶ Windstille = ausatmen und Luft ruhig einatmen
▶ Sturm = ausatmen, Luft tief einatmen und kräftig ausatmen
Nachdem die Atmung besprochen wurde, macht die Erzieherin eines der vereinbarten Zeichen, z.B. mit den Fingern schnipsen, und die Kinder antworten mit dem entsprechenden ‚Atemwind'.

Wattebausch bleib im Kreis

Material: ein Wattebausch und ein Gymnastikreifen für jedes Paar
Mitspieler: mindestens 2 Personen ✱ **Alter:** ab 6 Jahre

Jeweils zwei Kinder sitzen sich auf dem Boden gegenüber. Zwischen ihnen befindet sich ein Gymnastikreifen mit einem Wattebausch. Die Aufgabe besteht darin, den Wattebausch durch Blasen zu bewegen, aber nicht aus dem Reifen zu pusten. Dabei muss der Atemstoß also richtig dosiert werden. Die Kinder sollen vor dem Pusten zunächst tief ausatmen und danach tief einatmen. Beim Pusten soll der Platz nicht verlassen werden.

Pustekerze

Material: eine Kerze, ein Feuerzeug für jeweils ein Paar
Mitspieler: mindestens 2 Personen ✱ **Alter:** ab 6 Jahre

Achtung: Diese Übung kann man nur mit Kindern machen, die schon gelernt haben sehr zuverlässig mit Feuer umzugehen!!
Jeweils zwei Kinder setzen sich gegenüber an einen Tisch. In der Mitte des Tisches steht eine brennende Kerze. Ein Kind beginnt und atmet zunächst tief aus und wieder ein. Beim Ausatmen versucht das Kind die Flamme der Kerze in eine Schräglage zu versetzen und somit in die Richtung des zweiten Kinds zu bewegen. Dabei darf die Flamme nicht erlöschen. Anschließend darf das zweite Kind sein Glück versuchen.

Kerzenlichter auslöschen

Material: 5–6 Kerzen, ein Feuerzeug für jeweils ein Paar
Mitspieler: mindestens 2 Personen ✽ **Alter:** ab 6 Jahre

Achtung: Diese Übung kann man nur mit Kindern machen, die schon gelernt haben sehr zuverlässig mit Feuer umzugehen!!
Auf einem Tisch befinden sich 5–6 nah beieinanderstehende Kerzen. Die Kerzen werden angezündet. Zwei Kinder sitzen sich gegenüber und einer der Partner versucht so viele Kerzen wie möglich mit einem Atemstoß auszulöschen. Vor jedem Atemstoß wird tief aus- und wieder eingeatmet. Nach jedem Atemstoß wird gewechselt und die Kerzen werden wieder angezündet. Sieger ist das Kind, welches mit einem Atemstoß die meisten Kerzen auslöschen konnte.

Eichel wandere

Material: eine Eichel ✽ **Mitspieler:** mindestens 12 Kinder ✽ **Alter:** ab 7 Jahre

Die Kinder sitzen in der Königshaltung im Stuhlkreis. Ein Kind steht in der Stuhlkreismitte und hat, für die anderen Kinder unsichtbar, eine Eichel in der Hand. Die Kinder bilden mit ihren Händen eine Schale. Das Eichelkind geht nun im Stuhlkreis herum und berührt mit seinen Händen vorsichtig die der anderen Kinder. Dabei übergibt es irgendwann einem anderen Kind die Eichel. Nachdem das Kind einmal im Kreis herumgelaufen ist, setzt es sich hin. Ein anderes Kind aus der Gruppe soll erraten, bei wem die Eichel gelandet ist. Dabei kann es natürlich auch vorkommen, dass die Eichel noch im Besitz des ersten Kindes ist.

Kastanienperlenkette

Material: eine Schnur, Kastanien und Holzperlen, ein Kastanienbohrer
Mitspieler: ab 1 Person ✷ **Alter:** ab 6 Jahre

Mit einem Kastanienbohrer werden Löcher in die Kastanien gebohrt. Danach werden die Kastanien und Holzperlen durcheinander auf eine Schnur gefädelt. Es entsteht eine Kastanienperlenkette, die verknotet wird. Danach setzt sich das Kind in Königshaltung auf einen Stuhl und schließt die Augen. Es soll nun die Anzahl der Kastanien auf der Kette ertasten und in Gedanken zusammenzählen. Wieviele Kastanien befinden sich auf der Kette?

Der gefühlvolle Baumeister

Material: unterschiedliche Naturmaterialien
Mitspieler: mindestens 2 Personen ✷ **Alter:** ab 7 Jahre

Die Kinder gehen paarweise zusammen. Ein Kind beginnt und hat die Augen geschlossen. Es soll mit den Materialien einen hohen Turm bauen. Erst wenn der Turm einstürzt, kommt das Partnerkind an die Reihe und versucht ebenfalls sein Glück. Um die Arbeit des Baumeisters zu erleichtern, kann das Partnerkind auch helfende Hinweise geben, z. B. „Vorsicht, den Stein etwas nach links rücken."

Die Stacheln des Duftigel

Material: eine Zitrone, Gewürznelken, Kugelschreiber, Zahnstocher
Mitspieler: 1 Person oder mehr ✳ **Alter:** ab 7 Jahre

Eine ganze Zitrone wird mit Gewürznelken gespickt, so dass sie Igelgestalt bekommt. Dabei wird die Unterseite und die Schnauze ausgespart. Die Igelaugen können mit einem Kugelschreiber aufgemalt werden. Für die Füße kann man Zahnstocher verwenden.
Das Kind sitzt mit geschlossenen Augen in der Königshaltung auf einem Stuhl. Es schnuppert nun an dem Duftigel und fühlt mit den Fingerspitzen die Anzahl der Gewürznelken. Wieviele Stacheln hat der Duftigel?

Kürbisse sortieren

Material: unterschiedlich große Kürbisse
Mitspieler: 1 Person oder mehr ✳ **Alter:** ab 7 Jahre

Das Kind soll 4 – 6 Kürbisse nach der Größe sortieren und nebeneinander stellen. Danach schließt es die Augen und die Erzieherin vertauscht die Kürbisse untereinander. Das Kind kann nun ‚blind' versuchen, die Kürbisse wieder nach der Größe zu sortieren.

Entspannungseinheit „Herbstwind"

Material: ein Gymnastik-Chiffontuch für jedes Kind (die Tücher gibt es meistens in den vier Grundfarben im Maß 62 cm x 62 cm zu kaufen) oder Rhythmik- oder Jongliertücher
Mitspieler: mindestens 6 Personen ✱ **Alter:** ab 5 Jahre

Hinführung

Erfahrungen mit dem Chiffontuch sammeln, z.B.:
▶ Kreisbewegungen vor dem Körper mit einer Hand,
▶ Armkreisen,
▶ sich im Kreis drehen,
▶ mit der Hand hin- und herschwingen,
▶ die Arme schwungvoll von oben nach unten führen,
▶ Tücher über den Kopf halten und durch den Raum gehen,
▶ Tücher auf den Boden legen und überspringen,
▶ aus den Tüchern mit den Händen einen Ball formen und langsam als Blume öffnen,
▶ Tücher vor das Gesicht halten und wegpusten,
▶ Tücher vor die Nase halten und die Atmung spüren etc.

Ziel: Im freien Spiel mit den Chiffontüchern lernen die Kinder das Material und seine Eigenschaften kennen. Beim gemeinsamen Experimentieren können Ideen entwickelt, nachgeahmt oder ergänzt werden. Dabei wird die Phantasie, die Motorik und ein detaliertes ganzheitliches Wahrnehmen gefördert.
Mit Beendigung der Experimentierphase sollte ein Erfahrungsaustausch in der Gruppe stattfinden. Die Erzieherin spricht gemeinsam mit allen Kindern über die Beschaffenheit der Chiffontücher und den richtigen Umgang damit. Die Kinder können auch selbst erfundene Bewegungsabläufe in der Gruppe vorstellen.

Die Sonne – Stilleübung

Die Kinder sitzen mit ihrem Chiffontuch im Kreis. Gemeinsam soll eine Sonne gelegt werden. Ein Kind beginnt und geht ganz leise mit seinem Chiffontuch in die Kreismitte. Dort legt es sein Chiffontuch vorsichtig als Sonnenstrahl auf den Boden. Es geht wieder auf seinen Platz zurück und blinzelt ein anderes Kind an, das jetzt ebenfalls sein Chiffontuch als Sonnenstrahl in den Kreis hineinlegt usw. Das Spiel wird so lange wiederholt bis alle Kinder ihre Chiffontücher zu einer Sonne gelegt haben.

Ziel: Ausdauer und Konzentration werden geschult. Das ästethische Empfinden wird sensibilisiert. Die Gemeinschaft wird gestärkt.

Windstärkespiel mit Chiffontüchern –
Bewegungsspiel

Im Frühjahr, Sommer, Herbst und Winter,
treten auf vier Windeskinder.
Lausche leis und find heraus:
Welche Windstärke schickt
uns das Himmelshaus?

Bevor du beginnst, atme erst kräftig aus
und presse die Luft aus dir heraus!
Atme dann ganz kräftig ein,
so wird das Windkind bei dir sein.

Das erste Windkind, das bläst:
„Phh-phh, phh-phh ..."
(Pause und wiederholen!)
Das erste Windkind, das bläst:
„Phh-phh, phh-phh ..."

Im Frühjahr, Sommer, Herbst und Winter,
treten auf vier Windeskinder.
Lausche leis und find heraus:
Welche Windstärke schickt
uns das Himmelshaus?

Bevor du beginnst, atme kräftig aus ...

Das zweite Windkind, das bläst stärker:
„Phh-phh, phh-phh ..."
(Pause und wiederholen!)
Das zweite Windkind, das bläst stärker:
„Phh-phh, phh-phh ..."

Im Frühjahr, Sommer, Herbst und Winter ...

Bevor du beginnst, atme erst kräftig aus ...

Das dritte Windkind, das bläst am stärksten:
„Phh-phh, phh-phh ...“
(Pause und wiederholen!)
Das dritte Windkind, das bläst am stärksten:
„Phh-phh, phh-phh ...“

Im Frühjahr, Sommer, Herbst und Winter ...

Das vierte Windkind, das leiseste, ruht sich aus
und geht mit seinen Brüdern wieder nach Haus.
Der schwächste Wind legt die Kinder zur Ruh
und summt leise ein Abendlied dazu.

Ziel: Beim Windspiel erleben die Kinder abwechselnd Ruhe- und Bewegungs-phasen. Die sprachlichen, rhythmischen und klanglichen Elemente des Spiels werden für die Kinder zu konkreten Erfahrungen. Verse, die sich ständig wieder-holen, auffächern und differenzieren schaffen für die Kinder eine komplexe, aber nachvollziehbare Spielsituation. Die Ausdrucksfähigkeit, die Sprache und die Motorik in der Gruppe kann so gefördert werden.

Ruhephase

Nach Beendigung des letzten Verses dürfen die Kinder sich eine Decke und ein Kissen holen und sich bequem hinlegen. Sie schließen die Augen und die Erzieherin summt das Abendlied vom Vater „Wind“ vor. Das kann einfach ein bekanntes Kinderlied, wie z. B. „Weißt du, wieviel Sternlein stehen“ sein.

Ziel: Die Ruhephase leitet die Entspannungsgeschichte „Lasse deinen Drachen steigen“ ein. An dieser Stelle könnte auch eine Musikentspannung mit Windgeräuschen eingesetzt werden.

Lasse deinen Drachen steigen
(Entspannungsgeschichte)

Es ist ein schöner Herbsttag. Der Wind weht und rüttelt an deinem Fenster. Du schaust hinaus und siehst wie die bunten Blätter von den Bäumen geweht werden. Du holst deinen selbstgebastelten Drachen und gehst nach draußen. Du wanderst zu den Feldern. Auf dem Weg dorthin hörst du den Wind durch die Kronen der Bäume rauschen. Bald kannst du ein großes Feld entdecken. Hier möchtest du gerne deinen Drachen steigen lassen. Du machst deinen Drachen für den Start fertig und läufst das Feld entlang. Langsam wickelst du die Schnur ab und dein Drachen steigt immer höher. Nach einer Weile fliegt er ruhig und gleichmäßig am Himmel. Von unten sieht dein Drachen klein und bunt aus. In deiner Phantasie begleitest du ihn auf seiner Reise.

Es ist schön auf dem Drachen zu liegen. Du fühlst wie der Wind sanft um deinen Rücken streicht. Dein Atem geht ein und aus, ein und aus. Du atmest ganz gleichmäßig und ganz von allein. Du fühlst dich wohl. Sanft wiegt der Wind den Drachen hin und her. Von hier oben sieht alles ganz klein und weit weg aus. Du siehst wie eine Eichhörnchenfamilie mit ihrem Wintervorrat über die Felder zu einem Waldstück läuft. Unter dir kannst du auch die vorbeifliegenden Herbstblätter der Laubbäume entdecken. Der Wind hat die bunten Blätter von dem nahegelegenen Waldstück herbei geweht. So wie bei deinem Drachen wiegt der Wind die bunten Herbstblätter hin und her. Dein Atem geht ein und aus, ein und aus. Du atmest ganz gleichmäßig und ganz von allein. Du schaust dir alles genau an. Vielleicht möchtest du später ein Erinnerungsbild malen. Allmählich wird es Zeit wieder auf die Erde zurückzukehren. Die Schnur wickelt sich langsam auf und dein Drachen fliegt ruhig und gleichmäßig dem Feld entgegen. Dein Atem geht ein und aus, ein und aus. Du atmest ganz gleichmäßig und ganz von allein. Schließlich landet dein Drachen ganz sanft auf der Erde. Du bleibst noch eine Weile auf deinem Drachen liegen und genießt die Stille. Danach stehst du auf und gehst langsam mit deinem Drachen wieder nach Hause. Du weißt jetzt, dass du in deiner Phantasie nur auf deinen Drachen zu steigen brauchst, wenn du zur Ruhe kommen willst.

Du öffnest deine Augen. Du richtest dich langsam über die Seitenlage auf. Du machst eine Faust, reckst und streckst dich. Jetzt bist du frisch und munter!

Weiterführende Möglichkeiten

Soll das Thema „Herbst" mit den Kindern vertieft werden, bieten sich u.a. folgende Möglichkeiten an:

Meditation mit einem selbstgemachten Dia

Material zur Herstellung des Dias: Für die Herstellung eines Meditationsdias benötigt man auf jeden Fall einen Diaprojektor, einen Diarahmen mit Glas, eine Leinwand (oder eine weiße Wandfläche). Außerdem braucht man flüssigen Klebstoff, einen Aquarellpinsel Gr. 2, Decor-Glasmalfarben transparent (Grundfarben Rot, Gelb um Herbsttöne zu erzielen)
Mitspieler: 1 Person oder mehr ✳ **Alter:** ab 5 Jahre

Anleitung zur Herstellung des Dias: Man öffnet den Glasdiarahmen und gibt zwei bis drei Tropfen Klebstoff auf das Glas. Dann trägt man eben so viele Tropfen Decor-Glasmalfarbe mit einem Aquarellpinsel auf. Anschließend wird das Dia wieder zugeklappt. Farben und Klebstoff müssen so dosiert sein, das sie nicht aus dem Diarahmen herausfließen.
Durch die Wärme des Diaprojektors fließen die Farben beim Betrachten des Dias weiter ineinander. Achtung: Der Siedepunkt der Farben muss niedriger sein als die Temperatur des eingeschalteten Diaprojektors.
Meditation: Das selbsthergestellte Meditationsdia wird mit einem Diaprojektor auf eine weiße Fläche projiziert. Der Raum wird etwas abgedunkelt und im Hintergrund kann eine Meditationsmusik eingespielt werden. Die Kinder können die ineinander fließenden Farben des Dias still auf sich wirken lassen.

Ziel: Beim Betrachten des Meditationsdias wird die Phantasie der Kinder angeregt. Gleichzeitig haben die fließenden Farben eine beruhigende Wirkung. Farben spielen auch im Herbst eine wesentliche Rolle. Beim Meditationsdia werden die Farben, die zunächst schnell fließen, immer langsamer. Am Ende entsteht ein getrocknetes „festes" Meditationsbild, das auch das Einschlafen der Natur im Herbst widerspiegelt. Bis das Meditationsdia seine endgültige Gestalt angenommen hat, können die Kinder unterschiedliche Dinge in das Bild hineininterpretieren.

Der bunte Kreisel

Material: ein Zirkel, ein Lineal, eine Schere, Buntstifte, ein weißer Fotokarton, ein Bleistift ✱ **Mitspieler:** mindestens 2 Personen ✱ **Alter:** ab 5 Jahre

Bastelanleitung: Mit einem Zirkel malt man einen Kreis auf weißen Fotokarton und unterteilt ihn in acht gleichgroße „Kuchenstücke". Die Kinder können die Kuchenstücke in verschiedenen Herbstfarben ausmalen. Dann wird der Kreis ausserhalb der Linie ausgeschnitten und mit dem Bleistift in der Mitte durchbohrt – fertig ist der Kreisel.

Spiel: Die Kinder sitzen mit geschlossenen Augen im Kreis und stellen sich den Herbst mit seinen bunten Blättern vor. Nach ca. einer Minute öffnen sie ihre Augen und eines der Kinder dreht den Kreisel. Dabei scheinen sich die Farben zu vermischen. Sobald die Kinder die einzelnen Farben wieder wahrnehmen können, heben sie die Hand.

Ziel: Die Farbwahrnehmung und Konzentration der Kinder wird gefördert.

Winter

Alle Jahre wieder erleben wir im Winter die Advents- und
Weihnachtszeit. Vertraute Bräuche und weihnachtliche Düfte
wecken Erinnerungen und Bilder, die wir in uns tragen.
Winterliche Lichterfeste und die ruhende Natur um uns herum
geben uns Zeit, uns wieder auf das Wesentliche im Leben zu besinnen.
Der Naturkreislauf des Wachsens und Sterbens schließt sich.
Pflanzen und Tiere ruhen sich aus, um neue Kraft für den Frühling
zu schöpfen. Die großen und kleinen Leute ziehen sich in ihre
warmen Wohnungen zurück. Kerzenschein und heiße Schokolade
wecken eine besonders gemütvolle Atmosphäre, in der das
Geschichtenerzählen oder das Betrachten von Bilderbüchern
mit Kindern besonders viel Vergnügen bereitet.

Die folgenden Übungen fügen sich in die winterliche
und vorweihnachtliche Atmosphäre ein.
Mit den Übungen zum Stillwerden kann der Blick für die wesentlichen
und leisen Dinge des Alltags geschärft werden.

Spiele zum Stillwerden und Wahrnehmen

Wunderkerze hören

> **Material:** eine Wunderkerze, ein Feuerzeug
> **Mitspieler:** 1 Person oder mehr ✻ **Alter:** ab 3 Jahre

Die Kinder sitzen in der Königshaltung im Stuhlkreis. Die Erzieherin sitzt in der Mitte und entzündet eine Wunderkerze. Die Kinder können die Wunderkerze betrachten oder dem Zischen der angezündeten Wunderkerze mit geschlossenen Augen lauschen. Nachdem die Wunderkerze abgebrannt ist, können die Kinder von ihren Eindrücken berichten.

Einer Weihnachtsmelodie lauschen

> **Material:** eine Spieluhr mit einer Weihnachtsmelodie
> **Mitspieler:** 1 Person oder mehr ✻ **Alter:** ab 3 Jahre

Das Kind geht vor die Tür; die Erzieherin zieht eine Spieluhr mit einer Weihnachtsmelodie auf und versteckt diese im Raum. Das Kind wird hereingebeten und soll dem Klang der Weihnachtsmelodie folgen, um die Spieluhr aufzuspüren. Dabei sollte möglichst nicht gesprochen werden, denn die Aufgabe erfordert Konzentration und genaues Hinhören.

Langsam schmilzt der Eiswürfel

Material: – * **Mitspieler:** 1 Person oder mehr * **Alter:** ab 3 Jahre

Einen Tag vor der Stilleübung kann die Erzieherin gemeinsam mit den Kindern Eiswürfel im Gefrierfach herstellen und anschließend wieder auftauen. Diese Erfahrungen fließen am nächsten Tag in eine Stilleübung ein:
Das Kind spielt einen Eiswürfel, den die Erzieherin als ‚Sonne' langsam auftaut. Die Sonne macht sich zunächst ganz klein und geht langsam auf. Während die Sonne allmählich immer größer wird, schmilzt der Eiswürfel und wird immer kleiner. Die Erzieherin reckt und streckt sich und das Kind macht sich ganz klein. Anschließend können die Rollen getauscht werden. Natürlich können auch zwei Kinder miteinander spielen.

Wasserballon spüren

Material: ein Luftballon, Wasser
Mitspieler: mindestens 5 Personen * **Alter:** ab 3 Jahre

Die Kinder sitzen dicht nebeneinander im Stuhlkreis. Ein mit Wasser gefüllter Luftballon wandert nun von Handfläche zu Handfläche, ohne die Finger zu berühren. Jedes Kind gibt den Ballon behutsam an das Nachbarkind weiter. Das Spiel wird solange fortgesetzt bis der Wasserballon einmal die Runde gemacht hat. Bei dieser Stilleübung sollte nicht gesprochen werden, denn das Weiterreichen des Ballons erfordert Konzentration und Geschicklichkeit!

84

Hexenkopftuch finden

Material: ein Kopftuch und 2–3 verschiedene Hüte
Mitspieler: mindestens 4 Personen ✳ **Alter:** ab 3 Jahre

Die Kinder sitzen im Stuhlkreis. Ein Kind macht die Augen zu. Drei Kinder stellen sich dicht nebeneinander auf. Davon trägt ein Kind ein Kopftuch als Hexe, die anderen zwei setzen Hüte auf. Das ‚blinde' Kind wird zu den verkleideten Kindern geführt und versucht durch Tasten herauszufinden, wer die Hexe ist. Anschließend werden die Rollen getauscht.

Winterschlaf der Tiere

Material: evtl. eine Decke und ein Kopfkissen für jedes Kind
Mitspieler: mindestens 6 Personen ✳ **Alter:** ab 4 Jahre

Alle Kinder spielen Tiere (Igel, Eichhörnchen, Dachs etc.), die ihren Winterschlaf abhalten. Dazu legen sie sich auf eine Decke mit Kopfkissen. Wer möchte, kann sich in die Entspannungshaltung legen und die Augen schließen. Die Kinder sollen mucksmäuschenstill sein und sich nicht bewegen. Wer das Schweigen bricht oder sich bewegt, scheidet aus und setzt sich leise auf seine Decke. Sieger ist das Kind, welches am längsten ‚schläft'.
Der Winterschlaf der Tiere ist für die Kinder eine gedankliche Hilfe, die es möglich macht, den ‚Schlaf' zu geniessen.

Wer ist der Schneemann?

> **Material:** ein großes Leintuch
> **Mitspieler:** mindestens 6 Personen ✳ **Alter:** ab 4 Jahre

Während ein Kind vor der Türe wartet, darf sich ein anderes unter einem Leinentuch verstecken und stellt so einen Schneemann dar. Das Kind, das vor der Tür wartet, wird wieder hereingebeten und versucht durch Umschauen in der Runde oder Abtasten des Schneemanns herauszufinden, wie der Schneemann heißt. Ist der Schneemann erkannt, darf er jetzt raten und ein weiteres Kind aus der Runde die Rolle des Schneemanns übernehmen.

Nikolausstiefel herausfinden

> **Material:** ein Nikolausstiefel und bis zu vier weitere Kinderschuhe
> **Mitspieler:** mindestens 5 Personen ✳ **Alter:** ab 4 Jahre

Die Kinder sitzen im Stuhlkreis. Ein Kind steht in der Kreismitte und bittet die anderen, einen Schuh in die Mitte zu legen. Danach wird ein Nikolausstiefel zu den Schuhen gelegt. Das Kind soll sich die Schuhe gut ansehen und danach die Augen schließen. Ein Kind aus dem Stuhlkreis geht in die Mitte und reicht dem anderen jeweils einen Schuh an. Das Kind soll den Nikolausstiefel ertasten. Wurde er gefunden, darf ein weiteres Kind sein Glück versuchen.

Mandarine im Nikolausstiefel

Material: ein Nikolausstiefel, Mandarinen, Nüsse, Äpfel, Orangen
Mitspieler: 1 Person oder mehr ✱ **Alter:** ab 4 Jahre

Ein Nikolausstiefel wird mit einer Mandarine, Nüssen, Äpfeln und Orangen gefüllt. Das Kind soll mit geschlossenen Augen den Inhalt des Stiefels herausholen und mit den Händen fühlen. Das Kind hat die Aufgabe, die Mandarine zu finden, die anschließend zur Belohnung verspeist werden darf.
Aus den Zutaten können die Kinder anschließend einen köstlichen Fruchtsalat zubereiten, der mit Zucker und Zimt so richtig nach Winter schmeckt.

Wer hat das Glöckchen?

Material: ein Glöckchen ✱ **Mitspieler:** mindestens 6 Personen
✱ **Alter:** ab 4 Jahre

Die Kinder halten die Hände hinter ihrem Rücken verborgen und sitzen dicht nebeneinander. Ein Kind verlässt den Raum. Während es vor der Türe wartet, bekommt ein Kind aus der Gruppe ein Glöckchen in die Hände gelegt. Das wartende Kind kommt wieder herein und das Glöckchenkind läutet kurz mit seinen Glöckchen. Ob das Ratekind wohl herausfindet, wer da geläutet hat?

Futter für den Vogel

Material: eine verschließbare Dose oder ein Glas, Vogelfutter
Mitspieler: 1 Person oder mehr **✱ Alter:** ab 5 Jahre

Eine Dose oder ein Glas wird bis zur Hälfte mit Vogelfutter gefüllt und verschlossen. Ein Kind spielt ein hungriges, futtersuchendes Vögelchen. Das Kind schließt die Augen, und die Erzieherin oder ein anderer Mitspieler sucht sich einen Platz im Raum. Dort schüttelt sie die Dose; das Vogelkind fliegt langsam los und soll nach Gehör die Futterquelle finden. Damit das Kind nicht über Gegenstände im Raum stolpert, gibt die Erzieherin oder das Partnerkind leise Hilfestellung.

Die Schlittenfahrt

Material: Deckel eines Schuhkartons
Mitspieler: mindestens 6 Personen **✱ Alter:** ab 5 Jahre

Die Kinder sitzen dicht nebeneinander im Stuhlkreis und haben die Schuhe ausgezogen. Die Erzieherin legt dem ersten Mitspieler den Schuhkartondeckel, den Schlitten, auf die Füße. Damit der Schlitten in Bewegung kommt, muss er nun auf die Füße des Nachbarspielers wandern, weitergereicht wird nur mit den Füßen, die Hände bleiben am Körper. Der Schlitten dreht eine ganze Stuhlkreisrunde. Diese Übung ist sehr viel schwieriger, als sie zunächst klingt. Die Kinder sollten deshalb möglichst leise sein und sich ganz auf das Weiterreichen des Schlittens konzentrieren.

Der Nussknacker

Material: ein Nussknacker, Nüsse
Mitspieler: 1 Person oder mehr ✳ **Alter:** ab 5 Jahre

Das Kind sitzt in der Königshaltung oder gelösten Sitzhaltung. Die Augen sind geschlossen. Die Erzieherin erzeugt mit den Nüssen verschiedene Geräusche, wie z. B. auf den Tisch klopfen, auf den Boden fallen lassen, auf einer Tischplatte reiben etc. Zwischendurch knackt sie eine Nuss mit dem Nussknacker. Konnte das Kind das Knacken der Nuss wahrnehmen, hebt es die Hand. Hat es richtig gehört, darf es die Nuss verspeisen. Wird die Stilleübung in einer Gruppe gemacht, darf das Kind, welches als erstes das Knacken wahrnehmen konnte, die Nuss verspeisen.
Anschließend können alle Kinder gemeinsam Nussplätzchen backen, die zu St. Nikolaus verschenkt werden können.

Nikolausschritte hören

Material: – ✳ **Mitspieler:** 2 Personen oder mehr ✳ **Alter:** ab 5 Jahre

Die Partnerkinder überlegen sich einen speziellen Nikolausschritt und üben diesen gemeinsam. Dann schließt eines der Kinder seine Augen und das Partnerkind hüpft, stampft, schleicht etc. im Kreis herum. Irgendwann macht es den Nikolausschritt vor. Sobald der Mitspieler glaubt, den Schritt von Nikolaus hören zu können, ruft es: „Nikolaus, du bist erkannt!".

Taschenlampenbilder

Material: eine Taschenlampe, evtl. Malpapier und Wachsmalstifte für die Kinder
Mitspieler: 1 Person oder mehr ✽ **Alter:** ab 5 Jahre

Die Kinder sitzen im Stuhlkreis. Der Raum wird etwas abgedunkelt und die Erzieherin malt mit dem Licht einer Taschenlampe einfache geometrische Figuren an die Decke. Das Kind soll mit den Augen oder den Fingern den Lichtpunkt verfolgen. Anschließend kann jeweils ein Kind eine Lichterfigur malen, die zum Winter oder zu Weihnachten passt. Wer mag, kann nach Beendigung der Stilleübung einige der Figuren auf Papier malen.

Der Bär in der Höhle

Material: eine Leinwand und ein Diaprojektor
Mitspieler: mindestens 6 Personen ✽ **Alter:** ab 6 Jahre

Der Raum wird etwas abgedunkelt. Ein Kind wartet vor der Tür, ein anderes spielt den Bären und stellt sich dicht hinter die Leinwand. Das Licht des Diaprojektors wird nun so auf die Leinwand gerichtet, dass nur der Schatten des ‚Bären' zu erkennen ist. Das Ratekind wird hereingeholt und soll nun herausfinden, welcher Bär sich da so schwer und tapsig bewegt.
Schwieriger wird es, wenn gleich zwei Bären hinter der Leinwand versteckt sind.

Schattenbilder erkennen

Material: eine Leinwand, ein Diaprojektor, ein Tisch, unterschiedliche Dinge, wie ein Ball, ein Buch, eine Tasse, ein Reifen etc.
Mitspieler: beliebig viele Personen ✱ **Alter:** ab 6 Jahre

Der Raum wird etwas abgedunkelt. Die Kinder sitzen vor einer Leinwand, die von einem Diaprojektor beleuchtet wird. Hinter der Leinwand befindet sich ein Tisch. Auf den Tisch werden nacheinander vier bis fünf verschiedene Gegenstände, wie ein Ball, ein Buch, eine Tasse oder ein Reifen gestellt. Das Kind soll die Gegenstände aufgrund der Schattenumrisse erkennen und sich merken. Anschließend wird der Diaprojektor ausgeschaltet. Die Kinder nennen die Gegenstände, die sie erkannt zu haben glauben und und schauen sie sich bei normaler Beleuchtung nochmals an. Erstaunlich, wie sich Dinge im Dunkeln verändern!

Klänge lauschen

Material: Bänderschellen ✱ **Mitspieler:** beliebig viele Personen ✱ **Alter:** ab 5 Jahre

Die Erzieherin oder ein Kind bindet sich Bänderschellen an die Füße. Die Mitspieler haben die Augen geschlossen, der Musikant geht langsam im Raum spazieren und lässt mit jedem Schritt die Bänderschellen erklingen. Die Kinder sollen mit geschlossenen Augen den Weg des Musikanten verfolgen und mit dem Zeigefinger die Richtung anzeigen aus der sie den Klang hören. Irgendwann bleibt der Musikant stehen und die Bänderschellen verstummen. Jetzt dürfen die Kinder ihre Augen wieder öffnen und nachsehen, ob sie den Klängen der Bänderschellen folgen konnten.

Zündhölzermuster

> **Material:** eine Packung Zündhölzer
> **Mitspieler:** 1 Person oder mehr ✻ **Alter:** ab 6 Jahre

Die Erzieherin legt mit Zündhölzern ein einfaches Muster. Das Kind schaut sich das Muster genau an und prägt es sich ein. Anschließend schließt es die Augen und die Erzieherin entfernt ein Zündholz aus dem Muster. Das Kind soll nun das Muster wieder an der richtigen Stelle vervollständigen.

Adventskalender

> **Material:** 23 leere Streichholzschachteln und eine Schachtel mit einer Nuss gefüllt
> **Mitspieler:** 1 Person oder mehr ✻ **Alter:** ab 6 Jahre

Ein Kind sitzt vor 24 Streichholzschachteln, die es mit geschlossenen Augen zu einem Adventskalender auftürmen soll. Die gefüllte Streichholzschachtel soll es aber erst als letzten Baustein auf den Turm setzen. Wurden alle Streichholzschachteln richtig aufgetürmt, kann der Baumeister den Inhalt der letzten Streichholzschachtel verspeisen.
Variante: In jeder Schachtel befindet sich eine kleine Murmel, nur in einer einzigen eine Nuss. Das Kind soll nun die Schachtel mit der Nuss zuletzt auf den Turm setzen! Ob es wohl gelingt, die Nussschachtel herauszufinden?

Nüsse zählen

Material: eine leere Dose, Nüsse, zwei Holzstäbe
Mitspieler: 1 Person oder mehr ✴ **Alter:** ab 7 Jahre

Das Kind hat die Augen geschlossen. Die Erzieherin schlägt die Holzstäbe gegeneinander. Zwischendurch lässt sie immer wieder mal eine Nuss in eine leere Dose fallen. Sind ca. fünf Nüsse in der Dose gelandet, kann das Kind seine Augen wieder öffnen und die Anzahl der in die Dose gefallenen Nüssen nennen. Es ist gar nicht so leicht, zwischen dem Klang der Hölzer und dem der Nüsse zu unterscheiden. Wer konnte richtig zählen?

Zungenrechenmaschine

Material: Rosinen ✴ **Mitspieler:** 1 Person oder mehr ✴ **Alter:** ab 7 Jahre

Das Kind schließt die Augen und streckt seine Zunge heraus. Ein Partnerkind legt ihm bis zu vier Rosinen vorsichtig auf die Zunge. Das Kind soll die Anzahl der Rosinen wie mit einer Rechenmaschine zusammenzählen. Ob das Ergebnis nun stimmt oder nicht – auf jeden Fall schmecken die Rosinen köstlich.
Gibt es Zungenrechenkünstler, die sogar 10 Rosinen fühlen und zusammen zählen können?

Wunderkerzentanz

Material: zwei Wunderkerzen für jedes Paar
Mitspieler: mindestens 10 Personen ✱ **Alter:** ab 7 Jahre

Die Kinder stellen sich so auf, dass ein Außenkreis und ein Innenkreis entsteht. Jeweils zwei Kinder stehen sich gegenüber. Die Kinder im Innenkreis bekommen nun jeder eine brennende Wunderkerze in die Hand und laufen damit langsam im Kreis herum. Die Kinder im Außenkreis schauen sich den Kerzentanz an. Kurz bevor die Wunderkerzen verlöschen bleiben die Innenkreiskinder wieder vor ihrem Partner stehen und zünden mit ihrer Wunderkerze seine an. Nun ist es an den Kindern im Außenkreis, einen kleinen Wunderkerzentanz vorzuführen.

Den Klang erkennen

Material: ein Glas, eine Gabel, 5–6 verschiedene Gegenstände,
z.B eine Schale, ein Kochtopf, eine Dose, eine Triangel, Klangstäbe etc.
Mitspieler: 1 Person oder mehr ✱ **Alter:** ab 7 Jahre

Ein Kind schlägt mit einer Gabel das Glas und die anderen Gegenstände vorsichtig an und lauscht den verschiedenen Klängen. Dabei soll es besonders auf den hohen Ton des leeren Glases achten. Dann schließt es die Augen. Jetzt schlägt ein anderes Kind vorsichtig die Gegenstände an. Sobald das Ratekind glaubt, den hohen Ton des leeren Glases hören zu können, hebt es die Hand.

Weihnachtsbild-Meditation

Material: ein Dia mit Weihnachtsbild, z.B. Krippenbild,
ein Diaprojektor, eine Leinwand
Mitspieler: unbegrenzte Anzahl von Personen ✳ **Alter:** ab 6 Jahre

Die Kinder betrachten mit Ruhe und Muße das weihnachtliche Bild. Damit sie
es als Schatz in sich aufnehmen können, sollten sie das Bild abwechselnd intensiv
Betrachten und anschließend mit geschlossenen Augen in sich 'nach-wirken'
lassen. Dieses Wechselspiel kann je nach Konzentrationsfähigkeit der Kinder
einige Male wiederholt werden, so wird das Bild im Unbewussten aktiv und
lebendig. Nach Beendigung der Weihnachtsbild-Meditation kann ein
Erfahrungsaustausch in der Gruppe stattfinden. Wer mag, kann auch ein eigenes
Weihnachtsbild malen und ausstellen.

Entspannungseinheit „Kerzenschein und Schneeflocken"

In der feierlichen Adventszeit bietet es sich an, gemeinsam mit den Kindern ein Mandala aus Naturmaterialien zu legen. Dazu können die Kinder bei einem Spaziergang entsprechendes Material sammeln oder von zu Hause mitbringen. Die folgende Materialliste ist deshalb nur als Anregung zu verstehen.

Material: Steine, Tannenzapfen, Zweige, Nelken, Zimtstangen, getrocknete Orangenschalen etc. für jedes Kind. Auf jeden Fall benötig werden: Kissen, Teelichter, Schalen für die Materialien, eine dicke Kerze und ein Feuerzeug. ✱ **Mitspieler:** mindestens 8 Personen ✱ **Alter:** ab 5 Jahre

---

Hinführung

Die Kinder sitzen auf ihren Kissen im Kreis. In der Kreismitte stehen Schälchen mit verschiedensten Legematerialien, die Kerze und Teelichter. Jedes Kind nimmt sich etwas aus einer der Schalen und riecht daran, betastet es und betrachtet es aufmerksam.

Erfahrungen mit dem Naturmaterial sammeln, z.B:
▶ Form und Farbe betrachten,
▶ mit den Füßen abtasten,
▶ einzelne Körperstellen damit berühren,
▶ leicht damit gegen den Boden klopfen,
▶ krabbeln und das Naturmaterial auf dem Rücken balancieren etc.

Die Kinder können sich gegenseitig ihr Material zeigen und es austauschen. Nach Möglichkeit sollten sie dabei nicht sprechen oder nur leise flüstern. Anschließend wird alles wieder in die Schalen zurückgelegt.

Ziel: Die Kinder machen elementare Erfahrungen. Ihr Blick für die kleinen und leisen Dinge des Alltags wird geschärft und sensibilisiert. Sie lernen spielerisch, die Umwelt mit allen Sinnen wahrzunehmen und achtsam mit der Natur umzugehen.

Ein Mandala legen – Stilleübung

Nachdem die Kinder das Legematerial kennengelernt haben, sitzen sie wieder auf ihren Kissen im Kreis. Die Erzieherin stellt eine dicke, brennende Kerze in die Kreismitte. Jedes Kind nimmt sich nun ein Teelicht und zündet es an der Flamme der dicken Kerze an. Die brennenden Teelichter werden im Kreis um die dicke Kerze herum aufgestellt. Nachdem alle Kinder an der Reihe waren, wird ein weiterer Kreis gelegt, z.B. aus Steinen. Um die Entstehung des Mandalas auf sich wirken zu lassen, sollte möglichst nicht gesprochen werden. Sind alle Legematerialien verbraucht, kann man das Weihnachts-Mandala noch einige Zeit in Ruhe betrachten.

Ziel: Das Legen oder Malen eines Mandalas kann dazu beitragen, Ruhe zu gewinnen und Aggressionen abzubauen. Zudem wird die Konzentration und Ausdauer gefördert und Kinder, die von sich denken, gestalterisch weniger begabt zu sein, haben motivierende Erfolgserlebnisse.

Tanzmeditation

Für den folgenden Meditationstanz bilden die Kinder einen großen Kreis um das Mandala herum und geben sich die Hände. Im leicht abgedunkelten Raum strahlen die angezündeten Kerzen des Mandalas eine besonders schöne und geheimnisvolle Atmosphäre aus. Die ausgewählte Musik sollte getragen sein und beruhigend auf die Tänzer wirken. Ein leichte Schrittfolge genügt vollkommen, um die meditative Wirkung des Tanzes zu erreichen:
Jedes Tanzkind beginnt mit dem rechten Fuß, indem es einen Schritt zur Seite in Kreisrichtung macht. Dann schließt jedes mit dem linken Fuß auf und wippt zweimal mit geschlossenen Beinen. Diese Schrittfolge wird nochmals wiederholt. Anschließend setzt jedes Kind seinen rechten Fuß vor, in den Kreis hinein und schließt mit links auf. Alle bleiben stehen und wippen zweimal mit geschlossenen Beinen. Jetzt macht man die gleichen Schritte einfach rückwärts, d.h. jedes Kind setzt den rechten Fuß zurück und zieht den linken Fuß nach. Alle bleiben stehen und wippen zweimal mit geschlossenen Beinen. Die Reihenfolge der Schritte kann so lange wiederholt werden, bis die Meditationsmusik verklungen ist.

Ziel: Kinder lieben es, sich zur Musik zu bewegen und die besondere Atmosphäre des Kerzenlichts in sich aufzunehmen. Die Kinder können auch selbst einen Meditationstanz um das Mandala erfinden.

Ruhephase

Nachdem der Meditationstanz beendet ist, holen sich die Kinder eine Decke und ein Kopfkissen und machen es sich darauf bequem. Das Mandala bleibt in der Mitte des Raums liegen. Kinder, die ihre Augen nicht schließen wollen, können in das Licht der Kerzen schauen.

Ziel: Die Ruhephase schafft die nötige Aufmerksamkeit für die Entspannungsgeschichte.

Schneeflocken auf Reisen
(Entspannungsgeschichte)

Du gehst im Wald spazieren. Es ist Winter. Die Laubbäume sind kahl. Nur das Grün der Tannen kannst du entdecken. Du gehst eine Weile, bis du eine kleine Schneeflocke auf deiner Nase spürst. Du siehst hinauf zum Himmel und bemerkst, dass kleine, weiße Schneeflocken zur Erde schweben. Du lauschst, was sich die Schneeflocken wohl erzählen. Sie verraten dir, dass sie die Erde sanft mit Schnee bedecken wollen. Unter ihrer Schneedecke darf die Erde ruhen und im Frühjahr zu neuem Leben erwachen. Du schließt deine Augen und hörst den Schneeflocken zu. Leise, ganz leise fallen sie zur Erde herab. Dein Atem geht ein und aus, ein und aus. Du atmest ganz gleichmäßig und ganz von allein. Ab und zu kannst du das Heulen des kalten Windes hören. Doch du weißt, dass dein Wollschal und deine Strickmütze dich wärmen. Dein Schneeanzug schützt deinen Körper vor Kälte und vor Nässe. In deinen Handschuhen und Winterstiefeln fühlst du dich wohlig warm. So gehst du weiter und hörst den Schneeflocken zu. Tief in dir kannst du die Stille spüren und aus der Stille schöpfst du neue Kraft. Dein Atem geht ein und aus, ein und aus. Du atmest ganz gleichmäßig und ganz von allein. Du beobachtest wie die Schneeflocken die Bäume, Büsche und Gräser langsam bedecken. Du hörst wie die Schneeflocken von den Kindern in den Dörfern und Städten erzählen, die sich über die weiße Pracht freuen und Schneemänner bauen. Sie berichten von den Igeln und Murmeltieren, die in ihrem weißgezuckerten, frostsicheren Versteck ihren Winterschlaf halten. Sie erzählen auch vom Fuchs, der wegen des plötzlichen Schneefalls in die Höhle des Bären geflüchtet ist. Du hörst den Schneeflocken genau zu. Mit jeder Schneeflocke, die sanft zur Erde fällt, kannst du die Ruhe spüren. Dein Atem geht ein und aus, ein und aus. Du atmest ganz gleichmäßig und ganz von allein. Langsam gehst du weiter. Am Ende des Waldstücks angekommen, kannst du die weißgezuckerten Dächer der Häuser erkennen. Alles scheint zu ruhen und Ruhe ist auch in dir. Und weil du ganz ruhig bist, kannst du neue Kraft in dir spüren.
Zurück in deinem Zimmer, öffnest du deine Augen. Du richtest dich langsam über die Seitenlage auf. Du machst eine Faust, reckst und streckst dich. Jetzt bist du frisch und munter!

Weiterführende Möglichkeit

In den darauf folgenden Tagen kann die Entspannungseinheit „Leise rieselt der Schnee" mit den Kindern vertieft werden. Zur Erinnerung an die gemeinsame Phantasiereise, kann jedes Kind ein Schüttelschneeglas bauen und mit nach Hause nehmen.

Zauberhaftes Schüttelschneeglas

Material: ein leeres, ausgewaschenes Marmeladeglas mit Schraubdeckel, Alleskleber, Schere, Löffel, etwas blaues Krepppapier, Faschingsclimer (im Bastelgeschäft), Spülmittel und Wasser ✱ **Mitspieler:** 1 Person oder mehr ✱ **Alter:** ab 4 Jahre

Bastelanleitung: Das leere Marmeladeglas wird bis zum Rand mit Wasser gefüllt. Das Krepppapier wird zu 2–3 kleinen Streifen geschnitten und in das Wasser gegeben. Die Farbe des Krepppapiers färbt das Wasser hellbau. Das Ganze wird mit einem Löffel umgerührt und nach ca. einer Minute entfernt man das Krepppapier wieder. Anschließend gibt man einen Spritzer Spülmittel und den Faschingsclimer in das Wasser. An den Innenseiten des Schraubdeckels wird etwas Alleskleber angebracht. Das Glas wird mit dem Schraubdeckel fest zugedreht und verklebt.
Spiel: Schüttelt das Kind sein Glas, kann es beobachten, wie der Faschingsclimer langsam zum Boden fällt. Erst wenn sich der Faschingsclimer am Boden des Glases abgesetzt hat und das Blau des Wassers gut zu erkennen ist, wird das Glas wieder herumgedreht. Anschließend kann man mit dem Schüttelglas auch ein Ratespiel machen. Das Kind dreht sein Glas herum und schließt seine Augen. Erst wenn es meint, das nun kein ‚Schnee' mehr rieselt, öffnet es seine Augen wieder.

Ziel: Mit dieser Übung wird die Ausdauer und Konzentration der Kinder gefördert. Das selbsthergestellte Schüttelglas kann auch Zuhause immer wieder schöne Schneeerlebnisse in Erinnerung rufen.

Medientipps

Breucker, Annette, Schmusekissen, Kissenschlacht, Spiele zum Toben und
Entspannen, Ökotopia, Münster 1993.
Erkert, Andrea, Inseln der Entspannung, Kinder kommen zur Ruhe mit 77
phantasievollen Entspannungsspielen, Ökotopia, Münster 1998.
Friebel, Volker/Erkert, Andrea/Friedrich, Sabine, Kreative Entspannung im
Kindergarten, Lambertus, Freiburg im Breisgau 1994.
Friebel, Volker/Friedrich, Sabine, Entspannung für Kinder, Übungen zur Konzen-
tration und gegen Ängste, Rowohlt Taschenbuch Verlag GmbH, Hamburg 1990.
Herdtweck, Waltraud, Durch Bewegung zur Ruhe kommen, Modelle und Ideen aus
der Rhythmik, Don Bosco Verlag, München 1996.
Krowatscheck, Dieter/Zuzak, Ulrike, Entspannung in Kindergarten und
Grundschule, Buch und CD, AOL-Verlag, Lichtenau 1995.
Poeplau,Wolfgang/Edelkötter, Ludger, Mit den Kindern auf dem Weg in die Stille,
Buch und MC, IMPULSE - Musikverlag, Drensteinfurt 1989.
Rücker-Vogler, Ursula, Yoga und Autogenes Training mit Kindern, Don BoscoVerlag,
München 1989.
Shanti, Oliver & Friends, Rainbow Way, CD, Sattva Music.
Ders., Tai chi too, CD, Sattva Music.
Ders., Well Balanced, CD, Sattva Music.
Stein, Arnd, Harmonie Vol. 4, CD, Verlag für therapeutische Medien
Ders., Naturgeräusche Vol. 1, CD, Verlag für therapeutische Medien.

Fortbildungstipp

Die Autorin bietet Fortbildungen u. a. zum Thema *Entspannung mit Kindern* im In-
und Ausland an. Interessenten wenden sich bitte direkt an:
Andrea Erkert, Tilsiterstraße 16, 71522 Backnang

Entspannung für Kinder

Ursula Rücker-Vogler
Yoga und autogenes Training mit Kindern

Yoga ist eine jahrhundertealte Entspannungsmethode aus Indien, mit der auch Kinder prima entspannen können. Erzieherinnen und Lehrkräfte lernen mit Hilfe dieses Buches Schritt für Schritt Körper-, Atem- und Entspannungsübungen des Yoga kennen, die Kindern besonderen Spaß machen.
92 S., zahlreiche Fotos und Grafiken, kartoniert, ISBN 3-7698-0623-9

Gabriela Hoppe
Mit Kindern meditieren
Grundlagen und Anleitungen

In Zeiten der Stille finden Kinder wieder zu sich selbst, verarbeiten Erlebnisse und werden offen für neue Erfahrungen.
Das Buch bietet Grundlagen und Praxisvorschläge für Stille- und Meditationsübungen. Die Autorin stellt einfache Übungen für den Anfang bis zu meditativen Bildbetrachtungen, Phantasiereisen und Musikmeditationen vor.
92 S., kartoniert, ISBN 3-7698-0808-8